循词问道

教你如何真正读懂汉字

胡礼明 / 著

中国书店

图书在版编目（CIP）数据

循词问道：教你如何真正读懂汉字 / 胡礼明著. —北京：中国书店，2019.1

ISBN 978-7-5149-2170-0

Ⅰ. ①循…　Ⅱ. ①胡…　Ⅲ. ①汉字－通俗读物　Ⅳ. ①H12-49

中国版本图书馆CIP数据核字（2018）第 212528 号

循词问道：教你如何真正读懂汉字

作　　者：胡礼明

责任编辑：赵文杰

出版发行　中国书店

地　　址：北京市西城区琉璃厂东街 115 号

邮　　编：100050

印　　刷：嘉业印刷（天津）有限公司

开　　本：787 毫米×1092 毫米　1/16

版　　次：2019 年 1 月第 1 版　2019 年 1 月第 1 次印刷

印　　张：17.25

书　　号：ISBN 978-7-5149-2170-0

定　　价：68.00 元

汉字是打开中华优秀传统文化的一把钥匙

《易经》蕴含天人之理，为群经之首、道理之源。医易同源，《黄帝内经》因天之序，取类比象，成就"上医医国、中医医人、下医医病"之道。字是记录医易之体，由古至今，历久弥新，蕴远古之信息，含人生之哲理。

远在六千年前，还没有汉字。人们采用结绳记事，就是在绳上打结，"事大，大结其绳；事小，小结其绳。结之多少，随物众寡"。可以看出，结绳法记录的仅仅是事的大小和多少，并不能满足人们表达感情、丰富交流、记录历史的需要。随着人类智慧的开化和交际的频繁，对文字的需求也呼之欲出。

"始作书契，以代结绳。"仓颉受黄帝之令，观星宿之形，察鸟兽虫鱼之迹，品草木器具之状，创造出了文字。据说，造字出时，"天雨粟，鬼夜哭"。甲骨文，是目前已知最早的汉字，因镌刻在龟甲与兽骨上而得名，主要用于王室占卜、

记事，记录和反映了当时的政治和经济情况。

商周时期，因记录历史的需要，青铜器铭文应运而生。青铜器铭文又称"钟鼎文""金文"，其字体笔画与甲骨文十分相似，不同的是金文笔道大多粗肥、弯笔多、团块多，这或许与当时的铸造工艺有关。

秦始皇统一六国前，诸侯国各自为政，文字的形体极其紊乱复杂，给政令的推行和日常的沟通交流带来了诸多不便。为打破这一局面，始皇令丞相李斯开展"书同文"工作。李斯对秦国通行的"大篆"进行简化，并参照六国文字的形体创制了"小篆"。小篆虽然字体优美，但因书写不便，其结局与秦朝一样也只是昙花一现。

传说，秦朝大将蒙恬发明了毛笔。毛笔的出现，推动了汉字的大变革，隶书应时而生。隶书，作为小篆的一种辅助字体，变小篆圆转的笔道为平直方折的笔画，更便于书写，其显著的特点是"蚕头燕尾""一波三折"。

隶书起源于秦朝，在东汉时期达到顶峰，对后世书法产生了巨大的影响，书法界素有"汉隶唐楷"之称。隶书字体扁平、工整、精巧，奠定了楷书的基础，成为汉字演变史上的一个转折点。楷书由隶书逐渐演变而来，横平竖直，笔画亦更趋简化，是现在通用的字体。

汉字，从远古走来，从结绳记事开始，经甲骨文，越金文，过篆书，跨隶书，直至演变为今天的楷书。回顾汉字的历史，我们不难发现其具备以下几个特征。

一是汉字的发展，与人类文明共进步。汉字最初多由王室贵族使用，随着生产技术的进步和书写工具的普及，汉字实现了自我革新和优化，变得越来越实用，逐渐走进了寻常百姓家。

二是汉字的最大作用是记事、交流和表达情感。因此，能满足以上功能的任何创新，都是允许的，同时这些创新必须能经受住历史的检验。网络的兴起，衍生出一些新的"汉字"，无疑为汉字注入了新的活力。不过，它们的生命力能否长久，还需接受时代的检验。

三是汉字必须书写方便。社会发展的节奏变快，汉字作为主要的书写工具，其发展必须跟上这种快节奏，因此简化汉字成为现实的必然选择，这也是汉字走向世界的必然选择。

"一个汉字，一部历史。"汉字虽小，能走到今天，也是经历了血雨腥风的考验，大浪淘沙的沉淀，凤凰涅槃般的再生。许多汉字虽已失去了造字之初的本义，但也被赋予了比本义更丰富的内涵，这就更加证明了汉字是有生命力的这一真理。大多物质的东西无法支撑起中华文化五千年的厚重，无法支撑起数十亿生灵的情感。唯有汉字，虽不占一地、不偏居一隅，却火烧不尽、水淹不了，深深地印在人的脑海里，藏在人的心灵深处。

汉字也是不畏强权的。据说大周皇帝武则天创造了 18 个新字，随着大周政权的覆灭，这 18 个新造字也逐渐被历史淘汰。所以说，汉字是历史的选择，是世人的选择。

不畏强权的汉字，犹如谦谦君子；清馨悠远的汉字，更如幽幽荷香。无论我们关注与否，它们总是默默地散发出淡淡的清香，细细品味，就仿佛拥有了一把通往远古的钥匙，穿越过去，不舍昼夜，窥探古人所居、所住、所思、所想；慢慢接触，它们犹如圣贤孜孜不倦，诲人不厌地教导我们"上天之理、立地之经、人事之伦"，渐渐地使我们"满腹诗书气自华"。

　　汉字是帮助我们打开中华优秀传统文化的一把钥匙。本书作者选取两个意义相近或相反的字词为一组，首先，分析甲骨文、金文等古文字形体，揣摩古人造字的初衷；其次，对字词进行解读，分析异同，让人们体会古人造字的意图；最后，从汉字中来，到汉字中去，从汉字出发，诠释做人的道理，完成"字中藏理、词里藏义"的升华。

　　普及汉字知识，修正社会上对汉字的一些错误解读，了解汉字背后的故事，把握汉字背后的做人道理，对增强中华文化自信具有重大意义。

让汉字鲜活起来

习近平总书记说："中华优秀传统文化是中华民族的精神命脉，是涵养社会主义核心价值观的重要源泉，也是我们在世界文化激荡中站稳脚跟的坚实根基。"中华优秀的传统文化是延续中华上下五千年文明的根本动力。过去，中华优秀传统文化以极强的吸纳性和凝聚力，乘风破浪，铸就了一座座精神的丰碑；现在，中华优秀传统文化正在以无限的包容性和向心力，扬长避短、兼收并蓄，成为安顿精神的家园；未来，中华优秀传统文化必将以强大的开放性和生命力，扬帆远航，引领世界文化的潮流。

《易经》有言："天行健，君子以自强不息；地势坤，君子以厚德载物"，一刚一柔，一阴一阳，形成了中华优秀传统文化中的"道"。孔子说："一阴一阳谓之道。"刚柔并济，阴阳相推，成就了中华优秀传统文化的凝聚力、向心力和生命力。同时，中华优秀传统文化注重与外来文化的交流与交融，

在交流中不断提升，在交融中不断优化，逐渐形成了更加优秀的文化基因，更加健全的文化体系。

一是道法自然。世界因何而生？老子云："道生一，一生二，二生三，三生万物。"道是衍生自然万物的根本，自然万物须遵循道、顺应道。"人法地，地法天，天法道，道法自然。"道虽然衍生自然万物，但仍依存于自然万物。因此，道并非独裁者，而是自然的代言人。

二是以人为本。"人大"，是"道大，天大，地大，人亦大"这"四大"之一。人是天地之子，是万物之灵。关心人、尊重人，是中华传统文化的立足点。在历史的演变中，中华民族也逐渐形成了"以人为本"的文化理念。

三是崇"德"尚"仁"。"德""仁"维系了社会的正常运转，让人们能够和谐相处。"德"，指的是人的内在修养和道德素养。"德者，得也。""德"是人们必须具备的，厚德方可载物。失"德"，就是失"得"，将无法立足于天地之间。"仁"，是"德"的外在表现。"仁者，爱人。""爱人者，人恒爱之。""仁"的表现形式是重礼。"崇德、尚仁、重礼、行义"是中华民族的传统美德，是中华文化的精髓，孕育着中华民族的精神，赋予了中华民族伟大的生命力和凝聚力。

宋人张载的"为天地立心，为生民立命，为往圣继绝学，为万世开太平"，道出了无数仁人志士的人生理想。然而要弘扬中华优秀的传统文化，就必须做好优秀传统文化的转化工作。正如佛教流入中国之初，只是在文人士大夫之间流传，后经六祖慧能等仁人志士的转化，才得以本土化、平民化，被普通大众接受。

中华优秀传统文化植根于农业文明之中，因时过境迁，文化转化为现代文明还有差距，因此，对一些传统文化看懂、弄明白变得不那么容易。此外，中华优秀传统文化是世界文化的组成部分，因而必须体现世界文化共性的东西，比如民主、科学。中华优秀传统文化同样还具有时代性，必须充满时代气息、体现时代特点。总之，做好中华优秀传统文化的转化工作，必须坚持"取其精华，弃其糟粕"的原则，做到世界性、时代性和前瞻性的相互结合，这也是当今社会弘扬中华优秀传统文化的要义所在。

《诗经·大雅·文王》里说："周虽旧邦，其命惟新。"每个汉字，背后都有一部历史。汉字，是中华优秀传统文化的重要组成部分，它不仅是中华优秀传统文化的重要载体，而且其本身也蕴含着大量的信息、故事和道理。因此，做好汉字的解析工作，挖掘其蕴含的道理，是实现中华优秀传统文化创造性转化的重要内容。

胡礼明先生求知好学，为人谦虚热心，十几年如一日，潜心致力于中华优秀传统文化的传播与弘扬，钟情于汉字的研究和分析，心得颇多，收获颇丰。《循词问道》一书，从字的说解，到词的析言，再到人生道理的把问，再现了古人的生活场景，呈现了汉字背后隐藏的人生真谛，是一本通俗易懂的弘扬中华优秀传统文化的好书，是普及中华优秀传统文

化的重要教材。

　　"问渠哪得清如许？为有源头活水来。"中华优秀传统文化，是民族生生不息的动力源泉，是中华民族的精神财富。实现中华民族伟大复兴的历史使命，我们必须坚定文化自信，不忘初心，促进中华优秀传统文化的转化和弘扬，不断增强中华优秀传统文化的生命力和影响力，让汉字之香润泽众生，让汉词之韵浸润人民，让汉字之道启迪人生。

博雅居士

目录 / CONTENTS

壹

社稷国家

（叁）

吃穿住行

伍

正心诚意

陆

修身齐家

柒

学问得失

捌

文化艺术

玖

道德法度

壹

社稷国家

宇宙：空间曰宇 时间曰宙

宀 冃

"宇"，金文由"宀"（房屋）和"于"组成。宇，是指支撑起房屋的边檐。《说文解字》："宇，屋边也。"《易传·系辞》："上栋下宇。"宇，又引申为房屋、国土、空间之义。

"宙"，甲骨文由"宀"（盖子）和"由"组成。宙，指车舟的盖子。《说文解字》："宙，舟舆所极覆也。"引申义有时间。

宇宙：（1）"宇"是屋檐；"宙"是车船的顶盖。这反映出中国古代的宇宙观和建筑观密不可分，古人通过建筑来体现宇宙，认为宇宙是建筑的放大，建筑是宇宙的缩影。（2）《文子·自然》："往古来今谓之宙，四方上下谓之宇。""宇"指的是东、南、西、北、上、下的空间；"宙"指的是古代、今天、未来的时间。（3）"宇宙"，是时间和空间的统一，用来代指整个客观世界。中国原始宇宙观的"天圆地方"说（盖天说）大致成形于周朝（前1046年—前256年）时期。宇宙大约在150亿年前形成，故《千字文》开篇就说"天地玄黄，宇宙洪荒"。宇宙到底有多大？王羲之无法给出准确答案，只是说"仰观宇宙之大"。宇宙到底多大，得靠我们自己去"仰观"。人体就是一个小宇宙，宇宙是什么，得靠我们去"俯察"。

世界：三十曰世 田边曰界

　　"世"，金文由三个"十"并列而成，表示三个"十"相加，为三十。《说文解字》："世，三十年为一世。"后引申有时代、朝代、天下、后世之义。

　　"界"，篆文由"田"（田地）和"介"（边界）组成。界，指国家的边境、田地的边界。《说文解字》："界，境也。"界，边境、田畔；引申义有边境、范围、分界线、界限。

　　世界：（1）世，三十岁为一世。古人寿命不长，平均寿命在三十岁左右，七十岁已不多见，故以三十年为一世。《字汇》："父子相代为一世。"《急就篇》："田边谓之界。"田的边界叫作"界"。（2）中国古代形容大千世界多用"天下"一词，"世界"来源于佛教用语。古代印度的宇宙论以须弥山为中心，加上围绕其四方之九山八海、四洲（四天下）及日月，合称为一世界。一千个世界，叫小千世界；一千个小千世界，叫中千世界；一千个中千世界，叫大千世界。（3）"世"为时间概念，"界"为空间概念，"世界"一语涵盖了时间、空间双重意义。"世界"，地理学上的解释是时间与空间的总称。现代汉语中的"世界"一词偏指空间，通常指人类所生活居住的地球。"一花一世界，一叶一菩提"，世界可大可小，"其大无外，其小无内"。"东西南北"又称四方，四方定，世界安。

东西：日升曰东 日落曰西

東　㐷

　　"东"（東），甲骨文由"木"和"日"组成，像旭日在树木间升起，因太阳升起在东方，故称为"东"。《说文解字》："东，动也。"东，东方；引申义有向东、主人。

　　"西"，甲骨文像用绳带缠绕的、装行李的囊袋，又像鸟归栖于巢的形状，借以表示天色已晚，落日西下的方位——西方。《说文解字》："西，鸟在巢上。日在西方而鸟栖，故因以为东西之西。"太阳运行至西方，鸟儿开始栖息，因此以之称为东西的"西"。

　　东西：（1）方位的确定，以太阳的升落为标准——东升西落。东升，借日在木中体现；西落，借鸟归巢展现，凸显了文字的艺术性和美感。（2）现代汉语中的"东西"又可指称物品。将物品称为"东西"，而不叫"南北"，是因为东方属木，西方属金，南方属火，北方属水。木金可以拿走，而水火拿不走，且水火无情，所以称东西为"东西"。（3）无论东西是表示方位还是物品，切不可分不清东西，否则就"不是东西"了。只要我们意志坚定，坚持真理，管你刮什么风——"千磨万击还坚劲，任尔东西南北风。"（清代郑燮《竹石》）

南北：雀跃曰南 违背曰北

凸　仆

　　"南"，甲骨文像一个人站在一面鼓上欢呼雀跃的样子。南方可用来指代夏天，草木旺盛，活力无限。《说文解字》："南，草木至南方，有枝任也。"南，草木长在南方，枝繁叶茂；引申义有南方、尊位。

　　"北"，甲骨文由面向左和面向右、背靠背站立的两个人组成。北的本义是背靠背。《说文解字》："北，违背也。"北，因两个人背靠背，容易分道扬镳，故引申义有失败，比如"败北"。

　　南北：（1）风水学上有"南朱雀，北玄武"之说。南方，对应的是心，红色，主发散，是活力无限的象征。北方，对应的是肾，黑色，主收藏，是厚积薄发的象征。因此，古人常"面南背北"。（2）"南"对应的是夏天，夏天草木兴盛，生机盎然，故为尊位。"北"对应的是冬天，冬天万里冰封，收藏积蓄，故古代天子常常"坐北朝南"。房屋建筑大多也是"坐北朝南"。"坐北"，表示收藏；"朝南"，会意活力。（3）南，面对面，心连心，一派生机，通常为人们所喜爱。《礼记·大传》："圣人南面而听天下。"北，背靠背，各怀心思，容易失败。《韩非子·五蠹》："鲁人从君战，三战三北。""南北"，表示截然相反的方向，因此必须分辨清楚，否则就会"南辕北辙"，乾坤不分。

乾坤：阳物曰乾 阴物曰坤

乾　坤

"乾"，篆文像太阳从地平线上升起，引起热气升腾的样子。《说文解字》："乾，上出也。"乾，阳气向上升起，代表天。

"坤"，篆文由"土"（土地）和"申"组成。坤又可表示"土位在申"，即"坤"卦，在后天八卦的西南方位，五行属土，代表土地。《说文解字》："坤，地也。"坤，代表地。

乾坤：（1）《易传·系辞》："乾，阳物也。"乾为阳，代表一切有活力的东西，如天、男、马、父亲、龙、刚、动等。为什么乾为天？朱骏声认为："凡上达者莫若气，天为积气，故乾为天。"（向上升的东西，没有超过气的，天是积气之体，因此乾可指代天。）（2）坤为阴，代表承载的东西，如地、女、母、牛、柔、静等。《易·说卦》："坤为地、为母、为布、为釜、为吝啬。"为什么坤属地？后天八卦中，坤位于西南方位，五行属土，因土生万物，与母亲属性一致，故坤可指代母亲。（3）《易经》的乾卦，六根爻皆为阳；坤卦，六根爻皆为阴。乾坤两卦排在六十四卦的前两位，表示万事万物皆由阴阳而生，故孔子说："一阴一阳之谓道"。乾为天，天行健，君子以自强不息；坤为地，地主包容，君子当厚德载物。因此，人生于天地之间，必须修养自己的品德，亦必须奋斗拼搏。

社稷：土神曰社 谷神曰稷

社　稷

"社"，金文"社"表示土地神。《说文解字》："社，地主也。"社，土地之主，土地神；引申为神像、牌位、场所。周朝的礼制规定：二十五家立一个祭拜土地神的社坛，种植当地土地适宜生长的树木。

"稷"，篆文由"禾"（禾苗）和"畟"组成。"畟"像一个农夫在水田里插秧的样子。《说文解字》："稷，齋也。五谷之长。"稷，指粟米，是五谷之首。谷是人民生存之本，稷又是五谷之长，所以稷又被当作谷神。

社稷：（1）社，土地神。《白虎通·社稷》："封土为社，故变名谓之社。"从天子到诸侯，凡是有土地者都可以立社，甚至没有土地的乡民也可以立社祭祀土地神。谁是社神呢？传说是句龙。句龙为共工之子，能平水土，死后被奉为社神。《春秋传》："共工之子句龙为社神。"（2）稷，指五谷之神、农神，是人民生活之本。稷，原是周朝始祖，西周时被尊为"五谷之长"，与"社"同时享有祭祀，合称"社稷"。（3）社稷，土地神和谷神。古代君主为了祈求国泰民安，每年都要到郊外祭祀土地神和五谷神，"社稷"因此成为国家的象征，成为国家的代名词。

国家：安邦曰国 安居曰家

可 畬

　　"国"（國），甲骨文"或""域""国"本是一字。"口""一"表示城郭，"戈"为兵器。或，表示以兵戈保卫城郭。金文在"或"字外加上代表疆界的"口"，便成了"国"。《说文解字》："国，邦也。"国，需要用武力保卫的土地，引申义有国家、地域。

　　"家"，甲骨文由"宀"（房子）和"豕"（猪）组成。古时，房屋一楼因潮湿不宜住人，人们往往用来养"豕"。少数客家人的建筑至今仍然保持着这种古风。《说文解字》："家，居也。"家，人和动物共同居住的地方；引申义有家庭、家族。

　　国家：（1）国，必须以"戈"（武力）为保证，"国之大事，在祀与戎"；家，必须以"豕"（财富）为依托。（2）秦王朝一统天下，奠定了国家的基础。由于儒家文化强调"家国同构"，从而形成了"家""国"并提的观念。"国家"指一国的整体，"修身齐家治国平天下"。（3）国家国家，先有国，然后才有家。国不稳定，家就会风雨飘摇，人也无尊严可言。这就是"宁做太平犬，不做乱世人"的原因。如何安国？唐朝魏徵在《谏太宗十思疏》中有言："思国之安者，必积其德义（思考国家安全的人，必定积德行义）。"

朝代：国家曰朝 时期曰代

龺　伐

"朝"，甲骨文像日升山中、月落草间的样子，呈现了日月交替的景象。《说文解字》："朝，旦也。"朝，太阳初升；引申义有朝代、王朝。

"代"，篆文由"亻"（人）和"弋"组成。弋，绑有绳子，用来射鸟的箭。代，指人们背着箭轮流更替。《说文解字》："代，更也。"凡以此易彼，以后续前，皆曰代。代，更替。凡是这个替代那个，后面延续前面，皆称为"代"。代的引申义有时代、古代、替代。

朝代：（1）朝，王朝，代表国家。清朝，表示清政府。代，时代，表示时间概念。清代，指从清朝建立到灭亡的这一时间段。朝代都用"朝"为划分标准，所以往往会出现"朝代（时间）"与"朝（国家）"重叠的现象，"某朝"的兴亡即其"朝代"的兴亡。虽然中国有很多"朝代"与"朝"相重叠，但这并不代表"朝代"就是"朝"。（2）"朝代"，建立国号的帝王世代相传的整个统治时期。"改朝换代"，指旧的朝代为新的朝代所取代。魏晋南北朝之前，只有成为天下共主才敢称"朝"。比如刘邦，虽然早已被封为汉王，但称王的那一段时间并不是汉朝。（3）"一朝天子一朝臣"，朝里有什么样的天子，就会有什么样的臣子。"江山代有才人出，各领风骚数百年。"

祖宗：有功曰祖 有德曰宗

"祖"，甲骨文像一个男性生殖器。金文加"示"，表示祭祀先人的宗庙或神主。《说文解字》："祖，始庙也。"祖，指最早的宗庙；引申义有祖先、开创者。

"宗"，甲骨文像一个房屋内摆有供祭祀的牌位。《说文解字》："宗，尊祖庙也。"宗，指祭祀祖先的庙宇；引申义有祖先、派别、本源。

祖宗：（1）"祖""宗"均有祖先的意思，故有"认祖归宗"之说。祖，是开创者，因鼻子是人体首先成形的器官，因而有"开山鼻祖"之说。宗，是"祖"的后人。（2）祖宗，是对祖先的尊称。所谓祖宗十八代是指自己上下九代的宗族成员，从小到大分别为"耳、云、仍、晜、来、玄、曾、孙、子、父、祖、曾、高、天、烈、太、远、鼻"。（3）庙号是指古代帝王死后，在太庙立室奉祀时追尊的名号。"祖有功而宗有德"，皇帝庙号常用"祖"字或"宗"字，开国君主一般是"祖"，比如刘邦称为汉高祖，李渊称为唐高祖。继嗣君主有治国才能多称为"宗"，比如李世民因有文治武功，被称为唐太宗。

皇帝：王大曰皇 皇极曰帝

　　"皇"，金文像"王"头上戴着一项闪闪发光的帽子。为什么会发光？因为是金属。"王"是王者，是最高统帅。皇，戴有金属帽子的闪闪发光的王者。《说文解字》："皇，大也。"皇，大。

　　"帝"，甲骨文像"来"字，最上面一横代表"天"；中间"一"代表"帝"本身；一竖代表上下沟通；四根斜线代表西南、西北、东南、东北四个方位。帝，上知天意，下达地旨，中通八方人事，聚天、地、人的意志于一身。《说文解字》："帝，谛也。王天下之号也。"帝，是统领天下的人的称号。

　　皇帝：（1）王大而皇，皇极而帝。贯穿天、地、人三者曰"王"，皇者大也，德合天地曰帝。"皇"，是比"王"权力还要大的人；"帝"，是"皇"中德行最高的人。（2）"三皇五帝"的说法有很多版本："三皇"，其中有一种说法是伏羲（天皇）、神农（地皇）、少典（人皇）。"五帝"，一般认为是黄帝、颛顼、帝喾、尧、舜。"三皇五帝"，并非真正的帝王，是太古时期为人类做出卓越贡献的部落首领或部落联盟首领的统称，后人追尊为"皇"或"帝"。（3）夏商周时期，大禹、成汤、周文王等认为自己的贡献不如"三皇五帝"，因此不敢"称皇道帝"，次而求之称"王"。秦始皇觉得称王无法展现自己的盖世之功，遂以"皇帝"为称号，称自己为"始皇帝"。

君王：至尊曰君 所归曰王

㠯　王

　　"君"，甲骨文由"尹"（手持权杖）和"口"（命令）组成。君，是手持权杖、下达命令的人。《说文解字》："君，尊也。"君，是天下至尊，发号施令，治理国家的人；引申义有品德高尚的人。

　　"王"，甲骨文像一把战斧，斧柄上多"一"，会意为比"士"更雄壮的人，本义为大的战斧，引申义为军中统帅。《说文解字》："王，天下所归往也。"王，指能够将天下人心收拢的人；引申义有首领、统治者。

　　君王：（1）"君"，持权杖、下达命令的人，主要行使奖赏、庆贺、刑罚之职责，《左传·昭公二十八年》："赏庆刑威曰君。"掌管命令的人必须胸怀大局、客观公正、道德高尚。（2）王者，为天下行道义的人。"王者，天下之义。"孔子说："一贯三为王。"董仲舒解释"王"的三横，分别代表天、地、人，一竖代表"贯通"，"王"就是上通天意、下达地旨、中表人意的人。（3）"君"，发号施令，文治天下；"王"，手持战斧，威震天下。因而"君王"是指具有文治武功的统治者。《诗经·小雅·北山》："溥天之下，莫非王土，率土之滨，莫非王臣。"普天之下，都是君王的土地；四海之内，都是君王的臣民。君临天下，关键在于后方稳定。稳定后方的关键，在于"后"与"司"。

后司：帝权曰后 行权曰司

后　司

"后"，甲骨文像左边的权杖下有一张口，表示掌握权力的人正在发号施令。《说文解字》："后，继体君也。"后，指继承王位的君主。

"司"，甲骨文像右边的权杖下有一张口，表示被授予权力的人正在发号施令。本义为执掌权力的大臣。《说文解字》："司，臣司事于外者。"司，在外办事的官员；引申义有职掌、官府。

后司：（1）"后"的本义是君主、帝王，"帝王的妻子"是其后起之义。"司"，在外办事的官员。古代"后""司"同源，"司"字，由"后"字将权柄反过来表示。"后"，表明处在母系社会，女王拥有至高无上的权力；"司"，被授予权力，负有履行权力的责任。（2）中国第一位有史可查的女性军事统帅，第一位杰出的女政治家，叫作"妇好"，她是商王武丁的王后，曾受命代替商王征战沙场，屡建战功，深受武丁宠爱，死后被尊称为"后母辛"。（3）古代的"公司"是什么意思？孔子说："公者，数人之财；司者，运转之意。""公司"，联合多人的钱财，使之共同运作。《庄子·则阳》："积弊而为高，合小而为大，合并而为公之道，是谓公司。"简而言之，"公司"，是积多人之财，合多人之力，联合多人而行使公道的地方。显然，古代的"公司"是履行行政职能的地方，而现在的"公司"则多指以营利为目的的企业。

圣贤：通达曰圣 多才曰贤

"圣"（聖），甲骨文由"耳"（耳朵）"口"（嘴巴、声音）和"壬"（站在地上的人）组成。圣，像人身上背着大耳，象征听觉灵敏。《说文解字》："圣，通也。"圣，通达聪慧；引申义为聪明、才智过人、德行高尚的人。

"贤"，金文由"臣"（臣服）和"又"（手）组成，表示既忠诚又有执行力的人。金文加"贝"，表示忠诚、执行力强且善于理财的人。《说文解字》："贤，多才也。"贤，才华多样的人；引申义有道德高尚、聪明多智、才智过人的人。

圣贤：（1）"圣"，指耳朵好的人。因为肾开窍于耳，耳朵好的人，肾气足，便会聪明智慧。《灵枢·经脉》云："肾气通于耳，肾和则耳能闻五音。"耳朵好的人，智慧通达，能察纳雅言，且分析判断能力强。"圣人"，指品德、智慧皆达到完美标准的人，比如至圣孔子、亚圣孟子。（2）"贤"，指视力好、眼力好的人。因为眼属心，故有"眼睛是心灵的窗口"之说，心脏主心机，眼睛好使，富有心机，办事能力就强。《庄子·徐无鬼》："以财分人之谓贤。"能把自己的钱财分给别人的人，称为"贤人"。（3）"圣贤"，圣人与贤人的统称，指品德高尚、才智超凡的人。明朝宋濂《送东阳马生序》有"既加冠，益慕圣贤之道"之句，做人应立大志，才能将格局做大，不争才子俊，但愿入圣贤。要想入圣贤之列，必须耐得住寂寞，看得了繁华，因为"古来圣贤皆寂寞"。

臣民：事君曰臣 隶役曰民

"臣"，甲骨文像一只竖着的眼睛，会意为低人一等，不敢仰视对方，表示的是服侍君王的男奴隶。《说文解字》："臣，牵也。事君也，象屈服之形。"臣，被牵制，侍奉君主的人，字形像一个人屈服的样子；引申义有臣服、官吏。

"民"，甲骨文为一只眼睛被一只手（又）抓住，表示外力使人低目，不能仰视。《说文解字》："民，众萌也。""萌"与"氓"相通。民指充当隶役的平民；引申义有人民、平民。

臣民：（1）"臣""民"都与眼睛有关，低目不敢直视，表示顺从、臣服。《国语·晋语》："事君不贰是谓臣。"侍奉君主没有"二"心，称之为臣。（2）"臣"最早表示自愿臣服的男奴隶。后来，把在官府里当官的人，称作"臣"。《礼记·礼运》："仕于公曰臣。""民"指的是借助外力而迫使服役的人。"臣民"，泛指国君统辖下的臣子和百姓。（3）在古代，"王命大于天"。欺君之罪，是最大的罪。为臣民者只有臣服，方能生存，讲究"君要臣死，臣不得不死"。其实，民才是立国之本。孟子把民、社稷和君王进行排位，将"民"排在第一位："民为贵，社稷次之，君为轻。"又有人将"民"比作"水"，将"君"比作"舟"。"水可载舟，亦可覆舟"。为官者，必须将民生疾苦放在第一位，正如郑板桥在诗中所写："衙斋卧听萧萧竹，疑是民间疾苦声。"

官吏：官舍曰官 官员曰吏

"官"，甲骨文由"宀"（房子）和"𠂤"（与"师"同义，表示众多）组成。官，房屋里物资众多。古代物资稀少，物资堆积多的地方，多是有"官"（官舍）。《说文解字》："官，吏事君也。"官，官员侍奉君主；引申为官员。

"吏"，甲骨文由"又"（手）和"中"（有人认为"中"指笔）组成。吏，指手拿笔记事的人。《说文解字》："吏，治人者也。"吏，治理老百姓的人；引申义有官吏。

官吏：（1）最早的"官"，不是指人，而是指官舍或机构。《字汇》："官舍曰官。"当官人办公的地方叫作"官"。"吏"，才是现代意义上的"官员"。《管子·朋法》："吏者，民之所悬命也。"吏，是人民生存的依靠。（2）"官"的历史最早可以追溯到商代，最早出现"官员"一词的文献是《周书·卢辩传》："宣帝嗣位，事不师古，官员班品，随意变革。"（3）先秦时期大官小官都称"吏"，后来"吏"用以专指各级政府机构中从事具体工作的办事人员。有时"吏"虽也可指称高级官员，但那是有条件的，如"封疆大吏"。"官"在后来指称一般官员。

领导：颈项曰领 引路曰导

领　燚

　　"领"（領），篆文由"令"（命令，发号施令）和"页"（头脑，代表人）组成。领，指发号施令的人，本义为拥有指挥权的首脑。《说文解字》："领，项也。"领，颈项；引申义有发令、指挥、理解、接受。

　　"导"（導），篆文由"辶"（行走）、"首"（头脑）和"寸"（手）组成。导，手牵着迷路的人或不知方向的人，用头脑为其引领带路。《说文解字》："导，引也。"导，引路；引申义有启发、教育、传递。

　　领导：（1）"领"拥有发命令、指挥的权力，是首领。"导"，指明白目标、方向的人，可以是首领，也可以是导师，目标不特定。因此，"导"的主体，比"领"的主体大得多。（2）"领"，拥有法定、特定的权力；"导"，多靠人格魅力、技能优势和科技水平领先。（3）领导，指拥有指挥权和人格魅力的人。什么是领导？毛泽东一语道破："出主意，用干部。"出主意，就是明确目标、方向，是"领"；用干部，就是将合适的人用在合适的位置，发挥出团队最佳效果，是"导"。

英雄：草荣曰英 鸟父曰雄

英　雄

　　"英"，篆文由"艹"（草木）和"央"组成。"央"，像一个人站在"冂"中，含义为中央。英，指草木最核心的部分——花。《说文解字》："英，草荣而不实者。一曰黄英。"英，指开花但不结果实的草。另一种说法是英指黄色的花蕊。英的本义为花蕊；引申义有精华、精英。

　　"雄"，篆文由"厷"和"隹"（短尾鸟）组成。"厷"，有力的手臂，代表男性。《说文解字》："雄，鸟父也。"引申义有强壮有力、雄性。

　　英雄：（1）"英"，指花。落英缤纷的"英"，是"花"。"雄"，指雄鸟。"草之精秀者为英，兽之特群者为雄。"古人认为，"英"是植物里的精华；"雄"，是动物里的精英。（2）"英"，聪明秀气；"雄"，胆力过人。"英"而不"雄"，不足以服众；"雄"而不"英"，无法团结聪敏智慧的人。因此，"英雄"必须具备"英"与"雄"的品质，才能服众、团结人，才能成就大业。（3）《三略》："英雄者，国之干；庶民者，国之本。"英雄，是国家的栋梁。英雄的脱颖而出，往往在危险之时、危难之际，故有"时势造英雄"一说。时势不具备，条件不成熟，英雄纵然有盖世之力，也只能搁置不用。英雄若无用武之地，也只能成为东方朔所说的"用之如虎、不用如鼠"的老鼠。"自古英雄出少年"，对于年轻人，我们要常怀敬畏之心，常行成全之举。

同志：合会曰同 合心曰志

同　志

"同"，甲骨文由"凡"（多柄夯桩）和"口"（说话）组成。同，众人合力提起，喊着口号，奋力夯地。《说文解字》："同，合会也。"同，将力量汇聚在一起；引申义有相同、一致。

"志"，金文由"止"（脚，代表行走）和"心"组成。志，有走到某一地方去的意思。《说文解字》："志，愿也。"志，心愿。

同志：（1）"同"，表示合力工作。《孙子·谋攻》："上下同欲者胜。"志，表示心有所愿。"有志者事竟成"，这是因为有强烈的志向，人才能排除万难，执着前行。（2）冯梦龙说："一人立志，万夫莫夺。"同志，表示志向一致，能够共同行动的人。葛洪说："志合者，不以山海为远。"孙中山说："革命尚未成功，同志仍须努力。"（3）黄石公《素书》："同志相得……同道相成"，意思是说具有共同信仰、共同目标的人，能够相互帮助，共同成长。在交朋友时必然讲究志同道合，《后汉书·刘陶传》："所与交友，必也同志。"同志之道，贵在同德同心。《国语·晋语四》中有言："同德则同心，同心则同志。"

士兵：大斧曰士 小斧曰兵

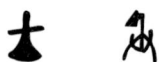

士 兵

"士"，金文像一把有手柄的大斧头。本义为大斧头，引申义为手持大斧头保护将帅的人。《说文解字》："士，事也。"士，善于办事的人；引申为有教养、有社会地位的人。

"兵"，甲骨文像双手握着小型战斧参战的样子，本义为士卒作战所用的小型战斧。《说文解字》："兵，械也。"兵，军械；引申义有军队、军事、战争。

士兵：（1）古代以手持的兵器作为军人级别的象征。"士"，持大斧头的士兵。"大刀阔斧"，用来形容办事果断而有魄力。"兵"，持小斧头的士兵。"士"，是最高等级的兵，是军队的精锐，多指近卫或特种兵。士，是善于办事且能保护将帅的兵；兵，是上前线作战的士卒。（2）孔子说："推十合一为士。"能将众多事物的表象，总结推理出一个道理的人，称之为"士"。因此，"士"的引申义是有知识、有教养、有身份的人。《白虎通·爵》："通古今，辩然不，谓之士。"通晓古今、辨别是非的人，称之为"士"。（3）兴兵强武，是国家存在的保证。《孙子兵法》："兵者，国之大事，死生之地，存亡之道，不可不察也。"兵，并非多多益善，而在于"精"。冯梦龙有言："将在谋而不在勇，兵在精而不在多。"

奴隶：女仆曰奴 男仆曰隶

"奴"，金文由"女"和"又"（手）组成。"女"，或为罪人，或为战败的女俘虏。奴，像一只手抓着一个女人的样子，强迫其充当奴仆。《说文解字》："奴、婢，皆古之罪人也。"奴和婢都是指古代有罪的女人。

"隶"，金文由"又"（手）和"🐾"（带尾巴的动物）组成。隶，像从背后用手抓住带尾巴的动物。《说文解字》："隶，及也。"隶，追捕动物；引申为男奴仆。

奴隶：（1）女为奴，男为隶。《周礼·司厉》："其奴，男子入于罪隶，女子入于春槁。"抓获的奴隶，男子交给负责差役的官员，女子交给负责春米种菜的官员。（2）"奴"和"隶"出现在先秦时期，"奴隶"一词多出现在汉代之后的文献里。奴隶，先秦时期又称"臣""妾"。男犯人除称为"臣"，女犯人除称为"妾"外，又可称为"虏""仆""奴""隶""婢""臧获""僮""竖""奚"等。大约在战国晚期，出现了"仆妾""奴妾"等与"臣妾"同义的词语。汉时，"奴婢"取代"臣妾"成为奴隶的通称。（3）世界历史上，人们因为战争、犯罪、破产、血统等原因成为奴隶，但奴隶的身份不是一成不变的。伊尹的母亲原是采桑的女奴，伊尹生下来自然是奴隶。后来，伊尹靠自己的努力，摆脱了奴隶的身份，并辅佐商汤灭夏朝，用"以鼎调羹""调和五味"的理论来治理天下，使商朝初年呈现经济繁荣、政治清明之态。同时，伊尹也是中国历史上第一位见之于甲骨文的教师。《孟子·公孙丑下》："汤之于伊尹，学焉而后臣之，故不劳而王。"除此之外，伊尹还是中国历史上第一个帝王之师。

易经：变化曰易 不变曰经

易 經

"易"，甲骨文像将液体倒入容器里面的样子，意味着将发生变化。篆文由"日"（太阳）和"勿"组成。"勿"为"月"的变形，指月亮。"易"，指太阳和月亮交换位置、相互变化。因而，易有变化之义。《说文解字》引《秘书》说："日月为易，象阴阳也。"日月变化叫作"易"，易象征着阴阳的变化。易的引申义有交易、变易、容易、易变。

"经"（經），金文由"糸"（丝线）和"巠"组成。"巠"指织布机上经线绷直的状态。经表示绷直的丝线，本义为织布机上的纵线。《说文解字》："经，织也。"经线往往不变，因而经的引申义有不变、常规、定则、真理。

易经：（1）易，指变化，日升月落，月升日落，日月行健，阴阳变化。经，指不变。太阳早晨升起，晚上落下，这是不变的道理。（2）《周易》的"易"有三层含义：变易（万事万物均在运动变化）、简易（尽管变化万千，考察阴阳二气，便可找到变化规律）、不易（规律）。因此，可知"不易"与"经"的意义相通。"经"，是"不易"。（3）易经，是变化和不变化的共同体。《周易》："穷则变，变则通，通则久。"事物发展至极点，就会发生变化；发生变化，事物就能通达；事物通达，才能长久。此乃"变通"的出处，告诉人们遇事不必死钻牛角尖，而应懂得通融、屈伸。

吉凶：幸运曰吉　不幸曰凶

吉　凶

"吉"，甲骨文由"士"（有手柄的战斧）和"口"（容器）组成。吉，将战斧放进装武器的仓库，意味着战争结束，人们可以免受战争之苦。《说文解字》："吉，善也。"吉，好；引申义有吉祥、美好。

"凶"，篆文像地面塌陷，人陷在里面无法出来的样子，上下不得，求救无门，当然"凶"。《说文解字》："凶，恶也。"凶，不好；引申义有危险、灾难。

吉凶：（1）古人认为，兵刀入库为"吉"。战争会给人民带来极大的痛苦和不幸，停止干戈，平息战事，才是真正的"吉"。深陷地坑为"凶"。人处于其中，求救无门，孤苦无望，信念破灭，唯有等死，这才是真正的"凶"。（2）"吉"从善来，"凶"因恶报。"奢者狼藉俭者安，一凶一吉在眼前。"白居易认为："凶"在奢侈，"吉"因节俭。（3）吉凶，指未来的好运气和坏运气。趋吉避凶，是人的本能。人要想获得吉运，必须从修心开始，"诸恶莫作，众善奉行"。"勿以恶小而为之，勿以善小而不为"。当别人遇到吉凶之事，要"吉凶相救，患难相扶"。

否泰：不顺曰否 安定曰泰

否 泰

"否"，金文由"不"和"口"（说话）组成。"不"，表示"否认"，借用为否定副词，引申义有反对、不同意。否，不同意别人的意见。《说文解字》："否，不也。"否，不赞同，不同意。不同意就不会通达，因此否的引申义为困厄、不顺利、邪恶。

"泰"，金文由"大"（张开双手的人）、"廾"（两手捧物）和"水"组成。泰，像双手捧水，水从手指中流走的样子。朱骏声《说文通训定声》中"疑泰、太、汰三形实同字"。段玉裁《说文解字注》"泰"下言："后世凡言大而以为形容未尽则作太。""大"字不足以形容大的形态时用"太"，引申义有大、极、安定。

否泰：（1）古人认为，"否"是由意见不一致造成的。由"大"而得以"泰"，由"泰"而安。《字汇》："泰，安也。"（2）否卦的内卦为坤（地）、外卦为乾（天），呈现阴气向下、阳气向上之象，阴阳不交，因而不会通畅，故"天地不交，否"。泰卦则相反，乾在下，坤在上，阳气向上，阴气向下，阴阳融合，则万事平安顺遂。（3）任何事物都是在相互运动中转化的，"否"到极点之后，事情往往开始通达，逆境达到极点，就会向顺境转化，这是"否极泰来"的道理。同理，盛至极点，往往开始走下坡路，开始"否"运，这就是"物忌太盛"的缘由。

占卜：兆问曰占 问龟曰卜

占 卜

"占"，甲骨文由"卜"（龟甲和兽骨上的裂痕）和"口"组成，表示问卜。主占者根据裂纹的情况判断所求问题的凶吉。《说文解字》："占，视兆问也。"占，看征兆推测问题；引申义有推测、测量。

"卜"，甲骨文像龟甲或兽骨被灼烤后裂纹纵横的样子。《说文解字》："卜，灼剥龟也。"卜，灼烤龟甲或兽骨使之产生裂纹，然后占卜；引申义有算卜、预测、选择。

占卜：（1）"占"是指占卜的整个过程。《尔雅·释言》疏云："占者，视兆以知吉凶也。""卜"是用龟甲或兽骨占卜。用火灼烧龟壳或兽骨，使其产生裂痕，观察裂痕，推测吉凶祸福。《周礼·春官·大卜》注云："问龟曰卜。"（2）占卜的过程：首先是想好要占卜的事项，准备甲骨（甲为龟腹甲，骨为牛羊猪鹿等动物的肩胛骨），平整去油脂，在甲、骨上凿钻孔痕，加热甲、骨，产生裂纹，根据裂纹判断吉凶。商人将占卜结果刻在龟甲或兽骨上，这样形成的文字被称作"甲骨文"。甲骨文是我国至今为止发现的最早的文字。（3）"占卜"的目的是知晓"吉凶祸福"，以明了方向，做到"不立危墙之下"。"知易者不占，善易者不卜"，这是因为知易、善易的人，能够洞察人生哲理，很少有困惑，所以不用占卜。占卜应把握三条原则：不是大事不卜；不信不卜；不是迷惑不卜。

命运：口令曰命 迁徙曰运

仓 穗

　　"命"，本字为"令"。甲骨文"令"由"口"（口令）和"卩"（跪着的人）组成。令，上级给下级下发指令。金文加"口"，成"命"字，表示"开口传令"。《说文解字》："命，使也。"命，发布命令；引申义有定数、指令。

　　"运"（運），篆文由"辶"（行进）和"军"组成。运，指军队不断地转移、行进。《说文解字》："运，移徙也。"运，转移迁徙，引申义有输送、变化。

　　命运：（1）"命"，由传令者所主，不可改变。人们常说："死生有命，富贵在天。""运"指调遣行军，调遣行军必须有变化。孙子说："兵者，诡道也"。（2）命运，即宿命和运气，蕴含着变与不变两方面的内容。"命"不可变，比如出生地。出生在什么样的家庭中并不由人，是先天决定的。古人认为虽然命由天定，但是成长的运势——运，是可以改变的，因为"运，移徙也"。运变了，命也随之而变。什么可改"运"？行善积德。《了凡四训》的作者袁了凡现身说法——日日行善，从而改变了"宿命"，实现了"命由我作，福自己求"。（3）古人认为，决定人生福祸的因素有"一命二运三风水，四积阴德五读书，六名（名字）七相（相貌）八敬神，九交贵人十养生"。什么是最大的命？孔子说："时也，命也。"时代、时势和时机，能决定人的命运。

矛盾：攻击曰矛 防身曰盾

"矛"，金文像一个带有环扣的、锋利的长柄武器，《说文解字》："矛，酋矛也。"矛，长矛；引申义有矛头、矛盾。

"盾"，金文像一个人手举盾牌、举过眼睛，以来保护自己的样子。《说文解字》："盾，瞂也。所以扞身蔽目。"盾，盾牌，是用来挡护身体、庇护头部的武器；引申义有矛盾、后盾。

矛盾：（1）"矛"，进攻性武器，"建于兵车，长二丈"。用在兵车之上，长度达二丈。"盾"，防御性武器。最早的"盾"，用木、皮等材料做成，作为"主卫而不主刺"的武器存在。传说黄帝时期便有，宋朝时又称为"牌"，故有"盾牌"之说。（2）作为进攻武器的"矛"和作为防御之器的"盾"往往是不可兼得的。《韩非子·难一》有一则寓言：一位楚国人在叫卖矛和盾，一会儿夸自己的盾最坚固，什么样的矛都刺不进；一会儿又夸自己的矛最锐利，什么样的盾都能刺穿。有人问他："用你的矛刺你的盾，会怎么样呢？"那个人哑口无言。（3）矛盾是一对特殊的"对立"关系，当一个事物存在时另一个事物必然不存在，那么这两个事物就有矛盾。解决问题，必须抓住主要矛盾，否则就会"捡了芝麻，丢了西瓜"，无济于事。"重点""中心""关键""突出""核心"等提法，说的都是抓主要矛盾和矛盾的主要方面的问题。

威胁：畏力曰威 众力曰胁

戒 爱

"威"，金文由"戌"（战斧）和"女"（女子）组成。
威，用战斧威吓女子，使之服从。《说文解字》："威，畏
也。"威，让人敬畏害怕；引申义有令人敬畏、气势、
威力。

"胁"（脅），篆文由三个"力"（众人合力）和"月"
组成。月，指肉，此处代表身体。胁，像众人合力将一个
人的身体压在下面，强迫此人认输或答应某种条件。《说文
解字》："胁，两膀也。"胁，两膀；引申义有胁逼、胁迫、
威胁。

威胁：（1）古代"威""胁"均有强迫服从的意思。
"威"，以刑罚让人畏服。《吕氏春秋·荡兵》："威也者，力
也。""胁"，众人合力强迫胁从。《左传·庄公八年》："众
从者胁公，不得归。"（2）《孟子·公孙丑下》："威天下不
以兵革之利。"威震天下，若不用武力，那么以什么威震
呢？以德取天下。秦始皇以兵革取天下，势尽则国亡，凭
借武力建立的国家，终不能长久。（3）孟子曰："富贵不能
淫，贫贱不能移，威武不能屈，此之谓大丈夫。"富贵不能
使他的思想迷惑，贫贱不能使他的操守动摇，威武不能使
他的意志屈服，这才叫作有志气的男子汉。

报告：复命曰报 告诉曰告

报   告

"报"（報），金文由"夆"（手铐形）和"𝅷"（用手从背后将人制服）组成，表示用武力制服犯人使之服罪。《说文解字》："报，当罪人也。"报，按律定罪；引申义有通告、传达、信息、反应、回应。

"告"，甲骨文由"牛"和"口"（说话）组成。告，献牛祭祀，祈祷幸福平安。《玉篇》："告，语也。"告，说；引申义有宣布、揭发。

报告:（1）"报""告"均有传递信息的意思。"报"，多指报告办事结果，常用于复命。"告"，可用来报告事情的经过、结果。现代汉语中的"报告"是一种文体，用于向上级报告情况。（2）作为儿女，向父母报告自己的行踪，在古人看来是一件十分重要的事情。外出时必须告知父母自己的行踪，归来时必须马上拜见父母。《礼记·曲礼上》有言："夫为人子者，出必告，反必面。"（3）南宋诗人陆游面对国破家亡，发出了"死前恨不见中原"的慨叹，因而在《示儿》中要求儿子："王师北定中原日，家祭无忘告乃翁"。一个"告"字，寄托了陆游对收复中原的必胜信心，其爱国之情跃然纸上。

响应：发声曰响 回答曰应

響　厎

　　"响"（響），篆文由"鄉"和"音"（说话的声音）组成。"鄉"，像主人与客人对坐饮食的样子。响，古时常作"回响""回声"之义。《说文解字》："响，声也。"响，声音；引申义有响声、反响、回响。

　　"应"（應），金文像山崖（厂）下有一只鹰的样子，金文又加"心"旁用来表意。《说文解字》："应，当也。"应，回应；引申义有回答、接受、反馈、应该。

　　响应：（1）"响""应"均与声音有关。"响"，指发出声音。《水经注》："空谷传响，哀转久绝。""应"，指及时给予回应。（2）"响应"是"响"和"应"的结果。"响"在前，"应"在后。只有"响"，没有"应"，就不能成为"响应"。"响"是"应"的前提条件，没有"响"，也就没有"应"。（3）响应的最高境界是"振臂一呼，应者云集"。在国家面临危难之时，人们更应该团结一致，响应号召，"国家兴亡，匹夫有责""一方有难，八方支援"，危急存亡之际，我们要勇于伸出援助之手。

义勇：为之曰义 不辟曰勇

義 勇

"义"（義），甲骨文由"羊"（祭祀用的牲口）和"我"组成。"我"是指兵器——有利齿的戌，代表出征。《说文解字》："义，己之威仪也。"义，出征前举行的威武仪式；引申义为道义、伦理、义气。

"勇"，金文由"甬"和"力"（气力）组成。《说文解字》："勇，气也。"勇，敢作敢为的气力，勇敢、不畏惧；引申义有果敢。

义勇：（1）义者，有所为也。义就是人们需要做的事情，无论事情有多么难，多么危险，只要有利于国家和广大人民的利益，都要去做，故古人有"舍生取义"一说。《孟子·告子上》："生，亦我所欲也；义，亦我所欲也。二者不可得兼，舍生而取义者也。"（2）勇，气也。《左传·昭公二十年》："知死不辟，勇也。"当然，勇并不是"匹夫之勇"，而是符合道义的勇。（3）是否符合道义，是考量为与不为的标准，故王安石说："度义而后动。"在大义面前，必须见义勇为。孔子："见义不为，无勇也。"（《论语·为政》）如果见到义的事情而不去做，就不是勇敢的人。这说明"勇"和"义"是相互关联的，"勇"是"义"的必然选择。

争夺：拉扯曰争 强取曰夺

岁　龠

"争"（爭），甲骨文像两手上下争夺"凵"（物品）的样子。《说文解字》："争，引也。"争，上下两只手各执物品一端，你不松手，我不放手，争执不下。争，相互拉扯，引申义有争辩、争吵、争夺。

"夺"（奪），金文由"又"（手）、"衣"、"隹"（短尾鸟）三部分组成，像用手从衣内把小鸟夺过来的样子。《说文解字》："夺，手持隹失之也。"夺，手上捉的鸟被别人抢走了；引申义有强取、争抢、胜过。

争夺：（1）"争""夺"都是争抢的意思。"争"，相持不下，高低不分；"夺"，强行取走，高下已分。（2）钱财、地位、荣誉这些身外之物都可以被夺走，唯有人的志向不能被夺走。《论语·子罕》："三军可夺帅也，匹夫不可夺志也。"军队的统帅可以被虏掠走，但作为一个人，志向是不能被夺走的。（3）双方相"争夺"的结果，必然是两败俱伤，让第三方得利，因而有"坐山观虎斗""鹬蚌相争，渔翁得利"之说。

征伐：正行曰征 击杀曰伐

征　伐

"征"，甲骨文由"彳"（行军）和"正"组成。正，甲骨文字形作⼽，"口"表示城郭，"⽖"表示人的脚趾形。抬脚向城郭走去，会远征或征伐之意。《说文解字》："征，正行也。"征，为正义而开始行军讨伐；引申义有迹象、征用。

"伐"，甲骨文由"人"和"戈"（兵器）组成。伐，用兵器将人的脖子割断，本义为武力杀戮。《说文解字》："伐，击也。"伐，武力攻击；引申义有胜利、荣耀、夸耀。

征伐:（1）"征"，对方有罪，站在正义的立场上，向对方问罪，使之认罪。《孟子·尽心下》："征者，上伐下也。"征，常指上对下的讨伐。"伐"，使用武力讨伐对方，双方没有地位高低之分，也没有正义不正义之分。《广雅》："伐，杀也。"（2）"征"常指借助武力征服，使之认罪，"挟天子以征四方"。（《资治通鉴》）"伐"常指用武力攻击使之灭亡。（3）"征"是对地方民众而言；"伐"是对组织而言。古代北方多有政权组织，而南方多为不服从中央的边民，所以有"南征北伐"之说。建立赫赫战功，人们往往沾沾自喜，正确的做法是"不伐己功，不矜其能"（《史记·淮阴侯列传》）。如此还不够，还应将功劳或上推，或下推，否则，功高盖主，将开启新一轮的"各出"。

各出：入侵曰各 出征曰出

各 出

"各"，甲骨文由"夂"（倒脚趾的形状）和"口"（城邑）组成。《说文解字》："夂者，有行而止之，不相听也。"各，军队出兵入城，制止不听从指令的行为。《说文解字》："各，异辞也。"各，意见不统一，引申义有各自、各个。

"出"，甲骨文由"止"（脚）和"口"（城邑）组成。出，像军队出城远去的样子，表示军队出征。《说文解字》："出，进也。象草木益滋，上出达也。"出，生长。像草木渐渐生长，冒出头来。出的本义为出去、离开、外出；引申义有拿出、出现、显露。

各出：（1）甲骨文"各"，为入侵；"出"，为远征。（2）"出""各"二字的意义现已变得面目全非，很难看出其与军队有关的意思，由此可见汉字演变的规律：字是义非。苏轼："山高月小，水落石出。""出"，这里是显露的意思。（3）诸葛亮六出祁山，仍未能成功，最后死于五丈原，杜甫因此发出"出师未捷身先死，长使英雄泪满襟"的感叹。"出师"，指诸葛亮出兵讨伐曹魏。

侵袭：渐进曰侵 不备曰袭

　　"侵"，甲骨文像一只手持着工具驱赶牛羊的样子。金文由"人"和"帚"组成，表示手持扫帚边打扫，边向前移动。《说文解字》："侵，渐进也。"侵，渐渐地推进；引申义有侵犯、侵吞、侵蚀。

　　"袭"，甲骨文像一只似"龙"的动物手抓一把"斧头"的样子，表示手持兵器悄悄靠近，准备突然袭击。《玉篇·衣部》："袭，掩其不备也。"袭，乘其不防备，突然发起攻击；引申义有袭击、世袭、抄袭。

　　侵袭：（1）"侵"，师出无名，多为不正义的侵略；"袭"，突然袭击，往往不宣而战。（2）《左传·庄公二十九年》中说："凡师有钟鼓曰伐，无曰侵，轻曰袭。"伐，多指发动正义的战争，师出有名。"侵""袭"，通常指无理由地发动战争；"袭"强调的是乘人不备偷偷进攻，比"侵"更具神秘性。（3）预防敌人"侵""袭"的办法就是"有备"。你准备好了，敌人就不会轻易来了；你准备不好，就给了敌人"侵""袭"的机会和可能。

攻击：攻打曰攻 击打曰击

攻　擊

"攻"，金文由"工"和"攴"（持械打击）组成，本义为持着武器对目标进行攻击。《说文解字》："攻，击也。"攻，打击；引申义有治理、加工、攻城。

"击"（擊），篆文由"毄"和"手"组成，本义为两军对垒，持着兵器，相互厮杀。《说文解字》："击，攴也。"击，持械攻击；引申义有敲击、打击、击溃。

攻击：（1）攻，持着工具，可以是军事行为，也可以是日常行为。击，手持武器，多是指军事行为。（2）攻，既可以是个体行为，也可以是群体行为；击，两军对垒，强调的多是群体行为。由此可见，攻的力度没有击的力度大。（3）攻击，现代汉语中解释为一种强烈的冲动性的言语、行为或象征性的动作。《孙子兵法·谋攻》："上兵伐谋，其次伐交，其次伐兵，其下攻城。"攻击的最高境界在于用谋略将敌人打败，其次是通过外交途径，再次是武力打击敌军，最下之策就是攻打城池。攻击的上策是"攻心"，攻心为上，口舌可胜百万雄师。

干戈：进犯曰干 钩兵曰戈

干　戈

"干"，甲骨文像一个尖锐的树权，干是古代的木制武器，用来防御或打猎。《说文解字》："干，犯也。"干，本义是进犯；引申义有消灭、侵略、侵扰。

"戈"，甲骨文像一只手抓着铜或铁制的兵器。《说文解字》："戈，平头戟也。"戈，带有长柄的铁制武器；引申义有干戈、戈甲。

干戈：（1）"干""戈"均为古代兵器。干，是木制武器。戈，是一种曲头兵器，横刃，用青铜或铁制成，常装在长柄上。戈因为有横刃，不仅能刺，还可以用作钩。商朝至战国时期的典型进攻性兵器就是曲头的"戈"，其突出部分叫援，援上下皆刃，用以横击或啄刺敌人，因此，古代"戈"又叫作勾兵或啄兵。（2）"干"为盾牌，秦时又称为盾。"戈"是进攻的武器。"干戈"用作兵器的通称，大动"干戈"，就是动武。（3）"化干戈为玉帛"。古谚又说："杀人一万，自损三千。"干戈，只在万不得已的情况下使用。《抱朴子·广譬》："干戈兴则武夫奋，《韶》《夏》作则文儒起。"如果干戈兴起，对于武夫来说，意味着有了建功立业的机会。《韶》《夏》发挥作用，对于读书人来说，就有了出头的机会。

战斗：搏斗曰战 斗殴曰斗

战 斗

"战"（戰），金文由"单"（弹弓）和"戈"（兵戈）组成。战，会意士兵持着弹弓和兵戈拼命厮杀打斗。《说文解字》："战，斗也。"战，战斗；引申义有搏杀、军事攻击、战争。

"斗"（鬥），甲骨文像一个人伸出左手，另一个人举起右手，会意两个人伸出双手，打斗在一起。《说文解字》："斗，两士相对，兵杖在后，象斗之形。"斗（鬥），像两个士兵相对而立，兵器背于身后，徒手斗殴的样子，本义为相对而立徒手斗殴。斗的引申义有搏击、竞争。

战斗：（1）"战""斗"均有搏击的意思。"战"，持有武器，表示武力攻击，武力侵占。"斗"，没有武器，空手斗殴。（2）司马穰苴："国虽大，好战必亡。"汉武帝穷兵黩武，大兴干戈，朝夕之间将文景之治的积蓄化为乌有，最后不得不发出"罪己诏"，以谢天下。打斗往往会两败俱伤，我们要抵制这种行为。《论语·季氏》有言："君子有三戒：少时戒色，壮时戒斗，老时戒得。"（3）战斗的最高境界是"不战而屈人之兵"，为什么？因为杀人一万，自损三千。

杀戮：捕杀曰杀 屠杀曰戮

凶 戮

"杀"（殺），甲骨文由"戈"和"丷"（像人散着头发的样子）组成，会用戈截取人头之意。篆文"殺"加"殳"表示手持槌捕杀。《说文解字》："杀，戮也。"杀，杀戮；引申义为战斗、打压。

"戮"，金文像用武器"戈"将人头和人身割开，人头像"羽毛"一样飞离身体的样子。戮的本义为斩、杀，特指杀死人后陈尸示众。《说文解字》："戮，杀也。"戮，屠杀；引申义有惩罚、杀戮。

杀戮：（1）"杀""戮"都有杀死的意思。"杀戮"，指大量杀害，大规模屠杀。因而，杀戮是十分残酷的行为。（2）"杀"的对象是个体或群体，往往是以一儆百，比如"杀鸡儆猴"；"戮"的对象是群体，比如"屠戮"。（3）"戮"在古代是一种很重的刑罚，人们将戮刑视为奇耻大辱。戮分为生戮和死戮。生戮即先将犯人示众，然后再杀死。死戮是先将人杀死，然后陈尸示众。如果没有被杀就已经死的，就陈尸示众，或鞭尸扬灰，不仅是对死者的侮辱，还是对死者在世亲属的羞辱。

凯旋：擂鼓曰凯 旌旗曰旋

凯 旋

"凯"（凱），甲骨文"壴"，像一面鼓的三个方向都有一只手；篆文加"几"，像人形，因而"凯"又指军队得胜回来，敲击战鼓所发出的激扬和喜悦的声音。凯的引申义有高大、胜利、柔和。

"旋"，甲骨文像战胜归营的军队挥着招展的旗帜的样子，以示胜利。《说文解字》："旋，周旋。旌旗之指麾也。"旋，周旋；引申义有回转、立刻、马上。

凯旋：（1）凯，指战胜归来奏乐击鼓。击鼓可提高士气。旋，是指招展飘扬的军旗，因为军旗是胜利者的象征。（2）明朝程允升《幼学琼林·武职》："战胜而回，谓之凯旋；战败而走，谓之奔北。"因而"凯旋"内含"回归"的意思，不可再作"凯旋而归""凯旋回来"。（3）凯旋，指战胜回来的场景：战鼓齐鸣，军旗招展，得胜而归。军队若获胜而归，有时皇帝会亲率百官出城至郊外迎接，以示慰劳；或者，派遣大臣出城迎接，这称为"郊劳"。军队凯旋后要在太庙、太社告奠天地祖先，报告胜利，献上战利品。

牺牲：纯色曰牺 体全曰牲

犠 牲

"牺"（犠），金文"犠"由"牛"和"義"组成。"義"，像手持"戈"将"羊头"与身体相分离，本义为祭祀杀羊。《说文解字》："牺，宗庙之牲也。"牺，宗庙里祭祀用的纯色牲口；引申义为牺牲。

"牲"，甲骨文由"牛"和"生"组成。《说文解字》："牲，牛完全也。"牲，祭祀用的全牛；引申义有牺牲、牲畜。

牺牲：（1）"牺"，用来祭祀的纯色牛；"牲"，用来祭祀的全牛。"六牲"指牛、马、羊、豕、犬、鸡。（2）韦昭："纯色曰牺。"供祭祀用的牲畜，色纯为"牺"，体全为"牲"。（3）"牺牲"，是古代祭祀用的祭品。《曹刿论战》："牺牲玉帛，弗敢加也，必以信。"（祭祀的牛羊、玉帛不敢虚报，必须诚信）牺牲的本义是因成为祭祀的祭品而死（因信仰而死叫"殉道"；因保卫国家而死叫"殉国"；因爱情而死叫"殉情"；因工作而死叫"殉职"；因成为祭品而死叫"牺牲"）；后引申为为了信仰、理想和正义事业舍弃自己的生命或利益，如清朝林觉民《与妻书》："……乐牺牲吾身……"

供奉：供给曰供 敬承曰奉

丹　茂

　　"供"，其本字是"共"。甲骨文"共"像两只手捧着物品，供送给别人的样子。篆文加"人"，表示供给、供应。《说文解字》："供，供给。"引申义为供献、给予、招认。

　　"奉"，甲骨文像双手将"玉"或者"树"献上的样子。篆文再加"手"，表示两手恭敬地捧物的意思。奉，虔诚地将物品献给他人。《说文解字》："奉，承也。"奉，捧着；引申义为恭敬、敬呈、讨好、侍候、给养。

　　供奉：（1）"供""奉"均有献上东西的意思。"供"，指供给东西。"奉"，恭敬地献上东西。因此，"奉"的态度比"供"的态度要诚恳，甚至含有讨好对方的意思。（2）供奉，又可指祭祀神佛、祖先，后泛指奉献。（3）《道德经》："天之道，损有余而补不足。人之道则不然，损不足以奉有余。"自然的法则，是拿别人多余的东西，去补偿不足的人。人类世俗社会的做法则不然，是拿不足的人的东西，去奉养富贵有余的人。"人道"若盛行，则会出现"马太效应"，富者愈富，穷者更穷。因此，必须行天道，损人道。

贡献：献功曰贡 献羹曰献

贡　献

"贡"（貢），金文由"工"和"贝"（钱财）组成。工，又可称为"规矩"，是古代一种画方画圆的工具，此处取"按规矩"之义。贡，按照规矩向君王进献钱财。《说文解字》："贡，献功也。"贡，进贡，把物品进献给朝廷；引申义有贡献、贡品。

"献"，甲骨文由"犬"和"鬲"组成，像把犬作为祭品，放在鼎上，祭祀祖先的样子。金文则"犬""虎"并列，会意祭品之丰盛。《说文解字》："献，宗庙犬，名羹献。犬肥者以献之。"献，献上狗肉以祭祀；引申义为进献、奉献。

贡献：（1）"贡"，在古代，多指奉上钱财，比如"进贡"。《广雅·释言》："贡，上也。"《广韵》："贡，献也。"《礼记·曲礼》："犬曰羹献。"用以宗庙祭祀的狗叫作"羹献"。（2）进"贡"的对象是朝廷或君王；奉"献"的对象多是祖先、神灵。（3）贡献，进奉、进贡或拿出物资、力量、意见等献给国家、社会或公众。人生的价值和意义在于为社会做贡献，贡献包括物质贡献和精神贡献。古人认为，贡献包括"立德、立功、立言"。《左传·襄公二十四年》："太上有立德，其次有立功，其次有立言，虽久不废，此之谓不朽。"

昌盛：美言曰昌 众多曰盛

昌　盛

　　"昌"，金文由"日"（太阳）和"曰"（说话）组成。昌，寓意说出的话让人如沐浴阳光一般温暖。《说文解字》："昌，美言也。"昌，好听的话；引申义为兴盛、兴旺。

　　"盛"，甲骨文由"皿"（装东西的器皿）和"成"（兵器入库，表示胜利、成功）组成。盛，像兵器从器皿里流溢出来，会意武力至极，强盛兴旺。《广雅》："盛，多也。"盛，许多；引申义为盛大、盛会、丰盛、热烈、容纳。

　　昌盛：（1）"昌"，兴旺，靠"美言"。"盛"，强盛，靠武力。（2）"昌盛"的关键是紧扣形势，顺应时势。《史记·太史公自序》："顺之者昌，逆之者不死则亡。"顺势就会昌盛；逆势就会灭亡。（3）花无常开，人不常盛。否极泰来，盛极而衰。因此，昌盛之时，要常作衰败时的打算，未雨绸缪，方可长久。《上书言便宜因冤讼陈汤》："安不忘危，盛必虑衰。""昌盛"时，要特别注意"信言不美，美言不信"，要能吃得进苦口之药，听得进逆耳之言。"昌盛"的关键在于将天下人才收入囊中，为我所用。

科举：开科曰科 荐贤曰举

科　举

"科"，篆文由"禾"（谷物）和"斗"（古代用于量谷物的器具）组成。科，表示用斗来量谷物，本义为称谷物。《说文解字》："科，程也。"科，测量；引申义有标准、测试、种类。

"举"（舉），篆文由"與"和"手"组成。"與"，像四只手合力托一物，表合力之意。举，五只手合力将一物往上抬高。《说文解字》："举，对举也。"举，双手相对而举；引申义有抬、作为、推选。

科举:（1）"科"，用来测量；"举"，用来举荐。（2）"科"和"举"古时分属两个不同的概念。"科"，多指开科考试；"举"，多是举贤荐能。后来，科举不分，统指通过考试选拔官吏，其推荐贤能的功能逐渐消失。（3）隋炀帝杨广首创科举，开创了民间取士的先河，打通了部分中下层读书人晋升的渠道。"朝为田舍郎，暮登天子堂。"古代的科举制度，打开了阶层间的流动通道，增加了社会的活力。科举制历经 1300 余年，至 1905 年被清王朝废除，是世界上延续时间最长的选拔人才的制度。科举殿试前三名分别叫状元、榜眼、探花。

赏罚：赐功曰赏 罪小曰罚

赏 罚

"赏"（賞），篆文由"尚"和"贝"（钱财）组成。《礼记·表记》："君子不自大其事，不自尚其功。""尚"的对象多是功德。赏，多指用钱财去奖赏功德。《说文解字》："赏，赐有功也。"赏，奖赏有功的人；引申义为赞赏。

"罚"（罰），金文由"网"（逮捕犯罪）、"言"（审判）和"刂"（刀，代表处置）组成。罚，逮捕罪犯归案，审判，并给予刑罚处置。《说文解字》："罚，罪之小者。"罚，针对较轻罪行的处罚；引申义为罚款、责罚。

赏罚：（1）古人认为"赏"的对象是立功的人；"罚"的对象是犯小罪的人。《说文解字》："未以刀有所贼，但持刀骂詈则应罚。"未曾持刀劫掠，但曾持刀威胁的人也应当受处罚。（2）"君子不自大其事，不自尚其功。"君子不会自己彰显自己的功劳，因而"赏其功"者必须是比君子更位高权重的人。（3）"陟罚臧否，不宜异同。"赏罚是为政者的重要手段，为政者更要注意赏罚分明。王安石认为，赏罚的先决条件是先辨明是与非，"……而后可以施赏罚"。鬼谷子认为，"用赏贵信，用刑贵正"，运用奖赏必须兑现承诺，运用刑罚必须公正无私。

历史：经过曰历 记事曰史

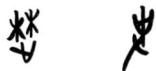

楚 史

"历"（歷、曆），甲骨文像一只脚（"止"）在树林里行走的样子，会意穿越树林。《说文解字》："历，过也。"历的本义，是经过、经历；引申义有历史、历程。

"史"，甲骨文像一个人手持"中"的样子。"中"，像盛箅之器，表示史官在射礼、投壶礼中用来计数的器物，借以表达不偏不倚、客观公正。史，指客观公正记录帝王言行举止的人。《说文解字》："史，记事者也。"史，宫中记录重大事件的官员，引申义为重大事件、史实、史料。

历史：（1）"历"，指空间上的穿越。"史"，指事件忠实的记录者。史官，掌管历法，参加国家重要典礼，记载国家大事，搜集整理文化典籍。史官"君举必书，书而不法"，意思是君主的言行，不论好坏都必须如实记录下来，不替他们隐瞒。（2）"历史"可简称为"史"。成就"历史"的人，一是创造历史的人，如秦始皇、汉武帝等英雄人物；一是书写历史的人，如司马迁、班固等史官。（3）"以史为鉴，可以知兴替。"历史是一面镜子，熟知历史并了解历代的兴盛衰败，可以避免人们重复历史。"前事不忘，后事之师"，从历史中吸取教训，避免犯同样的历史错误，可以让人生道路越走越宽广。

貳

生老病死

元旦：初始曰元 天明曰旦

亓 旦

"元"，与"兀"本为一字。甲骨字形像一个侧立的人形，其本义是指人头，后来为了便于书写，最上面的一笔由象征人头的圆点演化为一横（﹅）。《说文解字》："元，始也。"元，开始；引申义为初始、人头、元首。

"旦"，甲骨文由"◖"和"日"组成。"◖"代表地平面，"日"指太阳。甲骨文"旦"表示太阳初升。金文将"◖"化为"﹏"。篆文将"﹏"化为"一"，表示地平线，会意太阳从地平线上升起。《说文解字》："旦，明也。"旦，太阳初升，天亮；引申义有早晨、日子、天。

元旦：（1）"元""旦"都有初始的意思。"元"，草木刚刚破土而出。因为有生，才有万物。故"元者，为万物之本"（《春秋繁露·重政》）。"旦"，太阳从地平线上刚刚升起。"旦辞爷娘去，暮宿黄河边。"（《木兰诗》）（2）"元"，欲生未生，处于"潜龙勿用"之阶段，萌芽之始，厚积为高。"旦"，初生始生，具有"见龙在田"之表象，此时可以有一番作为。（3）"元旦"，一年之始，一年之计在于春；一元复始，万象更新；一元开泰，积蓄力量，喷薄而发之意，一派活力之象征。《尚书大传·虞夏传》："日月光华，旦复旦兮。"日月光华，日复一日地照耀大地，展现出勃勃生机。复旦大学的校名亦由此而来。

父母：家长曰父 养育曰母

父 母

"父"，甲骨文像一只手抓着石斧或棍棒的样子，本义为父亲。《说文解字》："父，矩也。家长率教者。"父亲为一家之长，是规矩的制订者，肩负着教育子女和传播家风的责任。父，父亲。

"母"，甲骨文像一个女子敛手屈膝的样子，其字形突出乳房，是为了表达母亲哺育儿女这一含义。本义为母亲。《说文解字》："母，牧也。"母，养育子女的人，母亲。引申义有雌性。

父母：（1）"父"，一家之长，负责教育子女；"母"，哺乳之人，负责养育子女。（2）父母肩负着养育儿女的责任，为父当严，唯严方可教。古人认为教育小孩要从严，"棍棒之下出孝子""三日不打，上屋揭瓦"。为母当慈，唯慈方能容，故有"严父慈母"之说。不过，因受男主外、女主内思想的影响，教育的任务多落在母亲的身上，母亲多心慈，因而，又有"慈母多败儿"的说法。（3）司马迁曾说："父母者，人之本也。"父母，是人的根本，有父母，才有儿女。"可怜天下父母心"，父母为儿女成长操碎了心，儿女该怎样回报父母呢？孟子给了我们一个解答："惟孝顺父母，可以解忧。"只有孝顺父母，才可以排忧解愁。

妻妾：聘娶曰妻 投奔曰妾

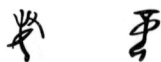

半 罕

　　"妻"，甲骨文像一只手，抓着一个长头发、大肚子的女子的样子。妻的本义指男人的配偶。《说文解字》："妻，妇与夫齐者也。"妻，与丈夫相配的女人；引申义有娶妻。

　　"妾"，甲骨文由"辛"（刑具）和"女"组成。妾在甲骨文中的用法等同于"妻"，没有身份的高低贵贱之分。《说文解字》："妾，有罪女子，给事之得接于君者。"妾，作"被俘虏的、有罪过的、为君主服务"这些含义，是后来的意思；引申义有妾人、妾身、妻妾。

　　妻妾：（1）《礼记·内则》："聘则为妻，奔则为妾。"下聘礼明媒正娶的，叫"妻"；不下聘礼而自行结合的，叫"妾"。妻，只有一个；妾，可纳多个。春秋战国后期，随着奴隶制度的瓦解，"妾"渐渐成了"小老婆"的代名词，身份卑贱，位居"妻"之下。男子多希望"妻妾成群"，但女子也有所选择，故有"宁做将军妾，不做庸人妻"之说。（2）"妻子"又可指妻子和儿子。《桃花源记》："率妻子邑人来此绝境。"不过，有时"妻子"仅指妻子，即男性的配偶。《诗经·小雅·常棣》："妻子好合，如鼓瑟琴。"形容夫妻之间相亲相爱，像弹奏琴瑟声调和谐一样。（3）《说文解字》："男有罪曰奴，奴曰童，女曰妾。"男人犯罪，被贬为奴隶，叫作"童"；女人犯罪，则叫作"妾"。因为有罪、地位低人一等，古代女子常常谦称自己为"妾"。

妇女：已婚曰妇 未婚曰女

"妇"（婦），甲骨文像一个女人手持扫帚打扫卫生的样子，本义为操持家务的女人。《说文解字》："妇，服也。从女持帚洒扫也。"妇，做家务事的人；引申义有女主人、女性、成年女子、儿媳。

"女"，甲骨文像一个双手交叉屈膝跪坐的女子的形状。《说文解字》："女，妇人也。"女，妇女；引申义有未出嫁的女子。

妇女：（1）古代称已婚女子为"妇"，未婚女子称为"女"。"妇女"古时又可作已婚和未婚女子的统称，而今则多称之为"女人"。（2）甲骨文"妇"像一个手持扫帚的女人的样子，表明古人已具有"男主外、女主内"的思想。甲骨文"女"像一屈膝优雅跪坐的女子形状，表明古人已认为女子之德在于"柔"和"顺"。（3）贾谊在《论积贮疏》中充分肯定了女性的重要地位，"一女不织，或受之寒"。花木兰女扮男装，代父从军，书写了"巾帼不让须眉，红颜更胜儿郎"的传奇。巾帼，指妇女的头巾和头发上的装饰物，又可用来代指"妇女"。新文化运动将妇女从从属于男人的思维束缚里解放出来，形成了今日"妇女能顶半边天"的局面。

恋爱：相爱曰恋 施惠曰爱

戀 （篆书） 志 （篆书）

"恋"，小篆由两个"糸"（丝绳）、"言"（说话）和"心"组成，会意为两串绳子绑着共同的语言。恋的本义为爱慕、不舍；引申义有爱恋、留恋。

"爱"（愛），金文像一个人倾诉自己心意的样子。篆文由"生"（生长）、"心"和"夊"（人脚趾形）组成。爱，表示有爱人之心，而不惜为之日夜奔波，"为伊消得人憔悴"。《尔雅·释诂》："惠，爱也。"给人以恩惠，便是"爱"。爱的引申义有喜爱、喜欢、呵护。

恋爱：（1）"恋""爱"均有"心"，因此需要用"心"去呵护。"恋"由"爱"起，没有"爱"，便无"恋"。现代汉语中的"恋爱"一词仅蕴含了古代"恋"字的意义。（2）"恋"的范围，仅限于情侣和爱人之间，是男女之爱。因此，"恋"是"小爱"。"爱"的范围，除了男女之爱外，还包括朋友之爱、家庭之爱，亦可用以表示爱工作、动物或物品，爱一切可爱的东西的意思。因此，"爱"是"博爱"。（3）《孝经》："爱亲者，不敢恶于人。"能够给予他人帮助，便是"爱"。因此，"爱"的根本在于能够"施"，没有"施"，便无所谓"爱"。最重要的不是施于他人钱物，而是拥有施于他人的心。"爱屋及乌"出自《尚书大传·牧誓》："爱人者，兼其屋上之乌"，爱一个人会连带地关心与他有关的人和物。

姓氏：姓氏曰姓 分支曰氏

　　"姓"，甲骨文由"女"（女子）和"生"组成，用为女性的名字；金文常写作"生"；春秋时期写作"姓"，当作"姓氏"义的专用字。《说文解字》："姓，人所生也。古之神圣母感天而生子，故称天子。"姓，姓氏，标志家族的字；引申义有姓名。

　　"氏"，甲骨文像一个人手提重物的样子。金文将饰点变为短横。《玉篇》："氏，姓氏。"氏，姓氏，是同姓贵族的不同分支；引申义有氏族。

　　姓氏：（1）"姓"，《左传·隐公八年》："天子建德，因生以赐姓。"天子据祖先所生之地而赐予姓氏。姓氏合一，在秦汉以后，通称为姓或兼称姓氏。（2）"姓"代表血统，《史记·五帝本纪》记载，黄帝有二十五子，"其得姓者十四人"，共有十二个姓：姬、酉、祁、己、滕、葳、任、荀、僖、姞、儇、衣。"氏"是姓的支脉，因子孙繁衍日多，为进一步做出区别，于是出现了"氏"，例如"有熊氏"。（3）姓氏，用来表示血缘关系，同姓不婚。《通志·氏族略》："三代以前，姓氏分而为二，男子称氏，妇人称姓。氏所以别贵贱，贵者有氏，贱者有名无氏。"战国以前，只有贵族有姓，奴隶没有姓，故"百姓"又指官吏、贵族百官的族姓。"百姓昭明，协和万邦"的"百姓"，指的是百官。战国以后"百姓"才渐渐指平民。

婚姻：男娶曰婚 女嫁曰姻

"婚"，金文由"昏"和"女"（女子）组成。"昏"指傍晚时分。婚，黄昏时分，男子迎娶新妇。《说文解字》："婚，妇家也。"婚，本义为女子出嫁到夫家，引申义有结婚。

"姻"，金文由"女"（女子）和"因"组成。金文的"因"像人躺着睡觉的席子，引申义为依靠。姻，女人依靠的根本。在父系氏族社会里，女人处于从属地位，男人是女人的依靠。《说文解字》："姻，婿家也。女之所因，故曰姻。"姻，是男方的家，是女子的归宿，因此称为"姻"。

婚姻：（1）婚，女子嫁夫。姻，男子娶妻。古代女子以夫家为家，故称"婚"为女子归家。"礼，娶妇以昏时，妇人阴也，故曰婚。"女人以丈夫家为家，故迎娶女子，是女子回到家里。女人属阴，因此古人娶妇往往选择在黄昏时举行迎亲仪式。（2）今有人将"婚"解读为男人"昏"了头，才结婚，显然与造字本义不符。"男以昏时迎女，女因男而来"的习俗，就是"婚姻"一词的起源。（3）婚姻，包括娶和嫁，一娶一嫁，才成为夫妻。婚姻是指男娶女嫁的过程。隋朝人王通认为："婚姻论财，夷虏之道。"婚姻若讲究钱财，那就是野蛮抢劫的行为。

嫁娶：女适曰嫁 取妇曰娶

嫁　娶

　　"嫁"，篆文由"女"（女子）和"家"组成。古代女子以丈夫家为家。嫁，女子离开父母的家，来到夫家。《说文解字》："嫁，女适人也。"嫁，女子出嫁。女子由娘家嫁到婆家，生活的地方转移，侍奉的对象也发生了转换，因而嫁的引申义有转移、转接。

　　"娶"，甲骨文由"耳"（耳朵）、"又"（手）和"女"（女子）组成。取，本是古时作战割取敌人左耳以报成功，与下面的"女"，会意接娶女子。娶，源于古代的抢婚习俗。《说文解字》："娶，取妇也。"娶，抢妇做妻子；引申义有娶亲、迎娶。

　　嫁娶：（1）男娶女嫁。"嫁"的主角，是女子，故称为"嫁女"。"娶"的主角，是男子，故称为"娶妻""娶媳妇"。（2）"男大当婚，女大当嫁。"男人长大后，首位是"成家"，然后"立业"，故有"成家立业"之说。（3）父母的家，只是女子暂时的家。找个好婆家，对女子来说至关重要，故有"男怕入错行，女怕嫁错郎""干得好，不如嫁得好""嫁鸡随鸡，嫁狗随狗"之说。谈婚论嫁，行嫁娶之礼可不能厚，"行礼宜厚，惟行嫁娶不必厚"，这才是长久之计。

归还：女嫁曰归 复归曰还

　　"归"（歸），甲骨文由"帚"和"𠂤"组成。歸，寓意翻山越岭、乘舟过河，不远万里赶着回家。《说文解字》："归，女嫁也。"归，女子出嫁，去到丈夫家，引申义有回家。

　　"还"（還），甲骨文像一个发配远方的犯人正举目张望，想着什么时候可以启程回家的样子。金文则像一个被衣服裹得紧紧的人，举目张望回家的路的样子。《说文解字》："还，复也。"还，去了又回来；引申义有回家、归还。

　　归还：（1）古代，人们多认为女子本来属于丈夫家，娶其回家，叫作"归"。"归"，有"归来"之义。或流放、贬谪之人，或客居他乡之人眷恋家乡，盼望回家，叫作"还"。"还"，亦有"还复"之义。（2）"女嫁曰归"，"归"的目标是家，《诗经·周南·葛覃》："害浣害否，归宁父母。""复归曰还"，"还"的目标不确定，可以是家，还可以是某个特定的地方。因此，"还"比"归"的含义更丰富。（3）"归""还"均有回家的意思。"归"家的心情是美好又急迫的，"归心似箭"。"还"家的愿望是浓烈的，"明月何时照我还"。

孕育：裹子曰孕 教子曰育

孕 育

"孕"，甲骨文由"乃"（像一个挺着大肚子的女人的样子）和"子"（胎儿）组成。孕，妇女肚子里怀有孩子。《说文解字》："孕，裹子也。"孕，妇女肚子里有孩子；引申义有身孕。

"育"，甲骨文像一个女人正在生孩子的样子，代表生育。《说文解字》："育，养子使作善也。"育，养育孩子，使之向善；引申义有生育、养育、抚育。

孕育：（1）"孕"的对象是胎儿，"育"的对象是小孩。"十月怀胎，一朝分娩"，有"受孕"之说。"育"的目标是养育子女，使之"作善"，有"教育"之说。（2）"孕""育"的对象都是小孩子，父母对他们的成长充满了期待，因为生命饱含着希望。人们都有"望子成龙，望女成凤"的情结。孕育的关键在于"教育"，使之"作善""向善"。（3）如果"孕"而不"育"，会被人骂作"有人生，无人养"。如是，民间则有"养子不教如养驴，养女不教如养猪"一说。身为平凡的人，将平凡的事做到极致，也可以孕育出伟大。

婴儿：女孩曰婴 孺子曰儿

"婴"，金文像一个妇女的颈上挂着两串用美丽的贝壳连成的项链。《说文解字》："婴，颈饰也。"婴，女子颈上带着的装饰品。婴是由贝做成的饰物，比较珍贵，因而婴有宝贝之义，小孩子是人们的珍宝，是妇女最亮丽的"装饰品"，故婴的引申义有初生儿、幼儿。

"儿"（兒），甲骨文像一个囟门尚未闭合的婴儿，本义指儿童。《说文解字》："儿，孺子也。"儿，幼子；引申义有儿子、男孩。

婴儿：（1）《仓颉篇》："男曰儿，女曰婴。"古代"婴"，多指女孩；"儿"多指男孩，不过，统称时皆可称为"儿"。《释名·释长幼》："人始生曰婴。"小孩子刚生下来叫作"婴"。（2）婴儿，具有旺盛的生命力，本真俱在，元阳未失，所以受到了老子的特别关注，在《道德经》中曾多次提到婴儿，比如"专气致柔，能如婴儿乎""我独泊兮其未兆，如婴儿之未孩""复归于婴儿"。（3）婴儿心地纯洁，天真无邪，故很招人喜爱，受人呵护。"幼吾幼以及人之幼"，要像对待自己的孩子那样，对待天下人的孩子。《孙子兵法·地形篇》："视卒如婴儿，故可与之赴深溪。"将帅对待士兵能够像呵护婴儿一样，士兵就可以跟随将帅去跳急流深谷。

好了：育子曰好 生子曰了

"好"，甲骨文由"女"（妇女）和"子"（孩子）组成。好，妇女抱着一个"子"，寓意后继有人，自然就"好"。《说文解字》："好，美也。"好，美好；引申义有喜欢、满意、非常、友好。

"了"，篆文像一个初生婴儿被包裹住手臂的样子。因孩子已经出生，也知道是男是女，代表任务已经完成。所以"了"的引申义有完成、结束、清楚。

好了：（1）"好""了"均与子女有关。有了子女，自然"好了"。当然，最难放下的也是"子女"，要"好了"并不容易，"可怜天下父母心"，可见古今皆然。（2）当下人们将"好"解读为"有子有女，儿女双全"，这与甲骨文造字的本义不相符合。母抱子女，后继有人，便是"好"。"好"，体现的是古人"不孝有三，无后为大"的思想。（3）好便是了，了便是好。《红楼梦》里有首歌叫《好了歌》，有句经典对白："可知世上万般，好便是了，了便是好。"好了是好，好了是了。若说"不好了"，就意味着危险即将到来了。若说"这下好了"，意味着危险已经在眼前发生了。

名字：自命曰名 生子曰字

叩 宀

"名"，甲骨文由"夕"（黄昏）和"口"（说）组成。名，黄昏时分，人们张口大声呼喊。《说文解字》："夕者，冥也。冥不相见，故以口自名。"天黑了，相互看不见，所以只得自己呼喊自己的名字。《说文解字》："名，自命也。"名，自己给自己的称呼；引申义有声誉、代号、叫喊、响声。

"字"，金文由"宀"（房屋）和"子"（孩子）组成。字，会妇人在屋内产子之意。《说文解字》："字，乳也。"《广雅》："字，生也。"字的本义指在屋里生孩子；引申义有记号、文字。

名字：（1）古人相见之时皆称"字"，以示尊称对方。直呼其"名"是对人的不尊重，在当时是犯大忌的事情。（2）古代男子出生三个月，父亲就要给他取"名"，男子二十岁要举行成年礼，由嘉宾给他取"字"。而女子无名，只有"氏"。（3）"名"与"字"之间一般是有联系的，"字"用来解释"名"，例如诸葛亮，姓诸葛，名亮，字孔明。"孔"是非常的意思，"明"就是"明亮"，"孔明"就是非常亮。由此可见，"孔明"是"亮"的诠释，也就是说"字"是"名"的解释或补充。今天我们说的"名字"相当于古代的"字"。

抛弃：丢弃曰抛 遗弃曰弃

"抛"，篆文由"扌"（手）、"尤"和"力"（用力）组成。抛表示用力将手中多余的、多拿的东西扔出去。《说文解字》："抛，弃也。"抛，丢弃；引申义有抛弃、抛售。

"弃"，甲骨文由"子"（婴儿）、"其"（簸箕）和"收"（双手）组成。弃，像一双手捧着箕斗，将婴儿丢弃在野外。《说文解字》："弃，捐也。"弃，遗弃婴儿；引申义有扔掉。

抛弃：（1）"抛"的多是多余的东西；"弃"的则是初生的婴儿。（2）古代，丢弃婴儿是常见之事。周朝始祖后稷也曾被弃过，后稷母亲姜嫄因踩上一只大脚印而怀孕，生下后稷。姜嫄不知道后稷的父亲是谁，曾将他丢弃在路上。因而，"后稷"又名"弃"，后来成了"五谷之神"。（3）传说孔子刚生下来，因相貌丑陋，又是私生子，也曾被母亲颜徵在遗弃。人到中年，妻子亓官氏因对孔子失望，"弃暗投明"，"抛弃"孔子而去。被妻子抛弃，在孔子的人生中是一个悲剧，一般只有男人才可以"抛妻弃子"，难怪孔子后来又发出"唯女子与小人为难养也，近之则不孙，远之则怨"的感叹！

保护：抚养曰保 救视曰护

田　護

　　"保"，甲骨文像一个人身上背着一个小孩的样子，会意保护孩子的安全。古时生存条件恶劣，随时会有生命危险，背着孩子是对孩子最好的保护。《说文解字》："保，养也。"保，养育；引申义有保全、保本、保养。

　　"护"（護），篆文由"言"（说话）、"萑"和"又"（手）组成。篆文"萑"指密生芦苇，里面经常有盗贼出没，因而代指盗贼之巢或盗贼本身。护，抓住盗贼，并为受害者说话。《说文解字》："护，救视也。"护，救济并看望受害者；引申义有自卫、保卫、爱护。

　　保护：（1）"保"的对象是孩子。《尚书·康诰》："若保赤子。"《荀子·议兵》："长之养之，如保赤子。""赤子"，就是指婴儿。"护"的对象是受害者。对于孩子最好的保护，就是放手。（2）"保"，反映出古人背子求平安的思想，这是因为古人生活环境非常差，或受火烧水浇，或受野兽袭击，或受异族入侵，必须时刻背起孩子逃跑以求自保。"保"字，又反映了古人以孩子为最大财富的朴素思想。（3）国家的重要职能在于保护人们的安全，让人们过上幸福美好的生活。《尚书·康诰》："若保赤子，惟民其康乂。"像保护婴儿一样，让老百姓健康安宁。

亲戚：血缘曰亲 姻缘曰戚

"亲"（親），金文由"辛"（刑具）和"见"（看见、探望）组成。亲，探望受了刑罚的人。《说文解字》："亲，至也。"亲，关系十分亲密；引申义有亲近、有血缘关系的人。

"戚"，甲骨文像一把两边带有多齿的斧钺。《说文解字》："戚，戉也。"戚，本义为斧钺，战争武器；引申义有亲属、悲哀。

亲戚：（1）"亲""戚"均是关系很亲密的人。"亲"，是男方家族的亲人，强调血统关系；"戚"是女方家族的亲人，强调姻亲关系。（2）内亲外戚。"内亲"，指男方的兄弟姐妹等亲人，李世民和李建成便是"内亲"。"外戚"，指女方的兄弟姐妹等亲人。"外戚夺权"，如历史上刘邦的老婆吕雉，扶持吕姓之人当权；武则天扶持娘家人等等。（3）亲戚，必须经常往来，否则时间一久，感情也就淡了，"贫来亲也疏"。比邻而居成为邻居，有时胜于亲人，故有"远亲不如近邻"之说。亲戚，由血缘、姻缘而定，不可选择，也无法选择，但朋友却不一样，是可以选择，也必须要慎重选择的。

朋友：同学曰朋 同志曰友

拜 竹

"朋"，金文像两串贝连在一起的样子。朋，作为一种古代的货币单位，五个贝壳为一串，两串为一"朋"。《广雅·释诂》："朋，比也，朋，类也。"朋，同类；引申义有朋友、并列。

"友"，甲骨文像两双手紧紧握在一起的样子，会意团结协作、友好合作的两个人。《说文解字》："友，同志为友。"志同道合的人，才可成为"友"。友的引申义有友好、合作。

朋友：（1）"同门曰朋，同志曰友"。师从同一人称为"朋"，志同道合之人称为"友"。封建社会的"朋党"，就是指同门学生结成的圈子。（2）"朋"重视德行，"德不孤，必有邻。"德行高尚的人，必定有"朋"。"友"重视志向，"同志相得"，志向相同，才能相互支持。（3）朋友，就是品行高尚、志向相同，可以同呼吸、共命运的人。因而也就不难理解孔子所说的"有朋自远方来，不亦说乎"了。朋友交往，最重要的是讲究一个"信"字，"与朋友交而不信乎？"（《论语·学而》）人最需要结交的朋友是"益友"（友直、友谅、友多闻），不能交"损友"（友辟：谄媚逢迎的人；友柔：表面奉承而背后诽谤人的人；友佞：花言巧语的人）。

宾客：所敬曰宾 寄者曰客

　　"宾"（賓），甲骨文由"宀"（房屋）、"人"和"止"（脚）组成，像一个人正从外面走进屋里的样子。金文将"止"改为"贝"，表示携带财物或东西的来访者。《说文解字》："宾，所敬也。"宾，尊敬的客人；引申义有来宾、贵宾。

　　"客"，甲骨文由"宀"（房屋）、"口"和"夂"（人脚趾形）组成。客，一只脚站在屋内，会意外面的人已经来到屋里。《说文解字》："客，寄也。"客，寄居的人；引申义有门客。

　　宾客：（1）古人称访者、一般客人、寄居门下的人为"客"。比如把寄居门下的人，称为"门客"。贺知章《回乡偶书》："笑问客从何处来。"此"客"，是访问者。称贵客为"宾"，故有"贵宾"之说。（2）"宾客"，指汉代时投靠在贵族、官僚、豪强门下的一种非同宗的依附者；现代汉语中的"宾客"，则是客人的统称。（3）"投之以桃，报之以李。"对于宾客，必须做到以礼相待，否则就会出现"在家不会迎宾客，出外方知少主人"的情况。"宾礼"，西周五礼之一，是接待宾客的礼节，以祭祀之事为吉礼，丧葬之事为凶礼，军旅之事为军礼，宾客之事为宾礼，冠婚之事为嘉礼，合称"五礼"。

健康：壮力曰健 精足曰康

健　魚

"健"，篆文由"亻"（人）和"建"组成。金文"建"像一个手持工具的人正在依山建房子的样子。健，人强壮有力。《说文解字》："健，伉也。"健，强壮有力；引申义有精力充沛、擅长。

"康"，甲骨文由"庚"（像钲、铙类的乐器）和"氵"（表乐声）组成，会乐器发出乐声之意。借以表一片祥和，国泰民安之意。《说文解字》："穅，谷皮也。"穅，是谷物的皮壳。篆文"康"字受假借为米穅（现作"糠"）之义的影响，形体逐渐讹写为"穅"（现作"糠"）。康的引申义有富饶、和谐、安乐。

健康：（1）"健""康"均有强壮的意思。"健"，对肉体物质而言，指身体强壮有力；"康"，对精神而言，指人的精神饱满。由此可见，古人眼中的"健康"，不仅要身体好，还要精神好。（2）"健康"，指人在身体、精神和社会生活等方面都处于良好的状态。一个健康的身体，是宝贵的财富。《道德经》："贵以身为天下者，若可寄天下；爱以身为天下者，若可托天下。"健康的精神，远比健康的身体更重要。身体出了问题，我们可以感知；而精神出了问题，我们则很难察觉。（3）"天行健，君子以自强不息。"天道运行强壮有力，君子应该效仿天，做到自强不息。尽管是面对夕阳西下的悲凉景色，我们也要"壮心不已"。

衰老：形老曰衰 七十曰老

从 尸

"衰"，金文像古时编织雨衣（蓑衣）的蓑叶下垂的样子，本义为蓑叶所做的雨衣。《说文解字》："衰，草雨衣。"因其毛黄而下垂，故引申义为衰败、衰弱、退化、枯萎。

"老"，甲骨文像一个长发至腰手持拐杖的老人的形状。《说文解字》："老，考也。七十曰老。"古人把七十岁的人，称为老；引申义有长辈、尊敬。

衰老：（1）"衰""老"都有衰的意思。"衰"，多与精神有关，表明精力衰退。"老"，与生理和身体机能有关，表明身体上的年老。因"老"而"衰"。人老了，精神衰竭乃不可避免。《吕氏春秋·去宥》："人之老也形盖衰。"（2）有的人，老而未衰，因其精神未"下垂"。"鹤发童颜"，常用来形容老年人气色好、精神好。有的人"未老先衰"，因其精神已"衰落"。（3）古人对于"衰老"的感叹颇多，比如"记得少年骑竹马，看看又是白头翁"，"君不见高堂明镜悲白发，朝如青丝暮成雪"。到底是谁让我们白了头？"江边一树垂垂发，朝夕催人自白头"。人老了真的很可怕吗？"与老无期约，到来如等闲""夕阳无限好，只是近黄昏"。老并不可怕，"老骥伏枥，志在千里"。人老了，最容易感受的是孤独。

孤独：无父曰孤 无子曰独

孤 獨

"孤"，篆文由"子"（孩子）和"瓜"（瓜果）组成。孤，孩子提着一棵藤上唯一的一个"瓜"，本义为年幼时死去父亲。《说文解字》："孤，无父也。"孤，没有父亲；引申义为孤单。

"独"（獨），最早见于睡虎地秦简中，由"犬"和"蜀"组成。犬好斗，好斗则独而不群。《说文解字》："独，犬相得而斗也。"狗性好斗，两狗相遇常打斗；引申义有独立、唯独、独白。

孤独：（1）《孟子·梁惠王下》："老而无子曰独，幼而无父曰孤。"孤，年幼失父。独，老年无子。"独"与狗有关，是因为狗是独居动物。《说文解字》："羊为群，犬为独也。"（羊是群居动物，狗是独居动物）（2）"孤"与"独"并非相等，"孤"不一定依托于"独"，"独"也不一定指向"孤"。"孤"又是古代王侯的自称，王侯身份尊贵，地位高高在上，无人可比，散发着拒人于千里之外的气息；"独"，独立不群，独的精神在于保持自我与他人的距离。（3）"孤"，缺乏平等相待他人的心，不去沟通，不会沟通，把自己锁在封闭的囚笼内。"独"不会伴随人的一生，坚持独身的人偶尔会渴望摆脱"独"。

伴侣：同行曰伴 相爱曰侣

　　"伴"，是"𤖤"的后起字，会两个成年男子并排而行之意。篆文另造"伴"字，由"人"和"半"组成，表示人结伴而行，引申义有随同、相随。

　　"侣"，篆文由"亻（人）"和"吕"组成。《说文解字》："侣，徒侣也。"侣，相爱相伴的两个人；引申义有同伴、陪伴。

　　伴侣：（1）"伴""侣"，都是指两个关系非同一般的人。（2）伴，指相互帮助的两个人，比如结伴而行、搭个伴儿。杜甫："白日放歌须纵酒，青春作伴好还乡。"少年的夫妻，到老了互相陪伴，故有"少年夫妻老年伴"之说。侣，特指相爱的两个人，因此只能是情侣、爱侣。（3）伴侣，现指一起工作、生活、同行的人。韩愈《把酒》："我来无伴侣，把酒对南山。"伴侣，亦指夫妻，"愿得一心人，白首不相离""执子之手，与子偕老"。情侣最后往往会变成终生的伴侣，"老伴老伴，老来相伴"。

孝顺：善事曰孝 顺心曰顺

　　"孝"，甲骨文由"耂"（老的简省）和"子"（孩子）组成。金文由"老"和"子"组成，像一个孩子搀扶长发老者的样子，本义为奉养、伺候父母。《说文解字》："孝，善事父母者。"孝，善于侍奉父母的人；引申义有孝敬、孝顺、孝服。

　　"顺"（顺），金文由"川"和"心"组成。顺，像水流进心脏的样子，表示心情十分顺畅、平和。篆文将"心"换成"页"（头脑），表示头脑十分舒畅、清晰。顺的本义是心情舒畅、头脑顺畅。《说文解字》："顺，理也。"顺，梳理使之有条理；引申义有顺从、顺利、顺心、顺道。

　　孝顺：（1）孝，强调用实际行动侍奉父母等长辈；顺，与心和脑有关，多指精神上的"搀扶"。（2）比"孝"高一级的境界是"顺"。子夏问孔子什么是孝，孔子说："色难。"孝最难做到的是侍奉父母的时候和颜悦色。（3）"孝顺"，必须是侍奉要好、脸色要好，既要孝之以行，更要顺之以心。心里有了孝顺的想法，脸上的颜色自然就好看了。行孝，不能等，要尽早，否则等我们准备好了要赡养父母时，就很容易"子欲养而亲不待"了。（《孔子家语·致思》）

疼痛：痛感曰疼 病疼曰痛

疼 痛

"疼"，小篆由"疒"（疾病）和"冬"组成。篆文"冬"表示年终下霜雪结冰的季节。《说文解字》："冬，四时尽也。"冬，就是春夏秋冬四时的终结。疼指病的终结，由"病"转为"疼"。《广雅》："疼，痛也。"疼，痛，指身体上的难受；引申有疼爱。

"痛"，篆文由"疒"（疾病）和"甬"组成。篆文"甬"像花结蓓蕾的样子。痛指病的始生，由"痛"入"病"。《说文解字》："痛，病也。"痛，生病；引申义有痛心、痛快、痛惜。

疼痛：（1）"疼"，多指肉体上的创伤造成的疼痛，强调的是主观感受。"满庭花落地，则有谁疼？"（孟称舜《桃花人面》）"痛"，多指精神上的伤害造成的疼痛，强调的是自己的客观感受。"哀痛未尽，思慕未忘。"（《荀子·礼论》）（2）疼痛，指肉体上和精神上的双重感受。"痛定思痛，痛何如哉！"悲痛的心情平定之后，再去回忆当时的悲痛，那是何等的悲痛啊。中医有句俗语叫"通则不痛，痛则不通"——如果气血畅通，就不会疼痛；如果疼痛，就说明气血不通。一旦经络堵塞不通，就会出现气滞血瘀、气血虚弱的现象，五脏六腑因此得不到营养，生理功能不能正常发挥，疾病就乘虚而入了。

疾病：小病曰疾 疾甚曰病

仌 化

"疾"，甲骨文像一个人腋下被"矢"（箭）击中的样子。因此，疾多用来指外伤。《说文解字》："疾，病也。"疾，小病；引申义有疾病、疾苦、疾速、疾走。

"病"，甲骨文像一个人躺在病床上，身体流着汗水的样子；金文像一个孕妇躺在病床上的样子；篆文则像一个人躺在病床上的样子。因此，病，指身体不适，卧病在床。《说文解字》："病，疾加也。"病，小病加重，变成大病；引申义有生病、病变、有问题。

疾病：（1）疾，一般指外伤。病，多指身体或精神上的问题，重病叫"病"。（2）疾，又指小毛病、一般的病。《孟子·梁惠王下》："寡人有疾，寡人好色。"这里的"疾"，指的就是小毛病。一旦不重视，小"疾"便成大"病"，故有"疾甚曰病"之说。扁鹊初见蔡桓公时，说蔡桓公"君有疾在腠理"，因桓公不重视，小疾最后"病入骨髓"，演变为了大病，无可救药，连扁鹊也无力回天。疾病，小疾成病。因此，对于"疾"，我们应给予重视，否则就会拖成"病"。（3）中医学家蒲辅周认为，病在预防，治病在除邪气，"无病善防，提高体质；有病驱邪，慎毋伤正"。

巫医：问卜曰巫 治病曰医

巫 醫

"巫"，甲骨文像女巫所用的道具，篆文像两个人相互配合着载歌载舞，共同祈祷神灵降福、除祸去病。《说文解字》："巫，祝也。女能事无形，以舞降神者也。"巫，通神的人，能通神灵，常以跳舞的形式来请神。

"医"（醫），篆文由"医""殳"（手持工具）和"酉"（酒罐）组成。像一个受箭伤的人躺在"匚"里面。医，手执刀具，用酒精消毒，为受箭伤的人治病。《说文解字》："医，治病工也。"医，治病的人；引申义有治病。

巫医：（1）巫，问卜的女人，即巫婆。商代，"巫"不仅能医治疾病，还能载歌载舞、代鬼神发言，但是只有官吏才能享用巫法治病。医，治病的人，即医生。《吕氏春秋·察今》："譬之若良医。"（2）最早巫医同源，既负责占卜，也负责治病，二者常常并提。《论语·子路》："人而无恒，不可以作巫医。"春秋之时，巫医分家，巫师只负责问求鬼神，占卜吉凶，不再治病。医师只负责救死扶伤，悬壶济世。（3）巫术，旨在造成一种神秘氛围，给予患者精神安慰。真正治疗身体上的病，还是要借用药物，或者采取一些技术性的治疗方法。《国语·晋语》："上医医国，其次疾人。"上医医国，中医医人，下医医病。这是因为医国、医人、医病之道是相通的，讲究因天之序。古时医生治病，一般的病，只需按摩治疗；病在经络，针砭治疗；病入五脏，才要汤药治疗。

针砭：金刺曰针 石刺曰砭

鍼　砭

"针"（鍼），篆文由"金"（金属）和"咸"组成。"咸"这里可用来指酸痛的感觉。针，指可以刺进肌肉，并能够产生酸痛感觉的金属。《广雅》："针，刺也。"针，中医刺穴位的金属针；引申义有用针刺穴位医治疾病，比如针灸。

"砭"，篆文由"石"（石头）和"乏"组成。"乏"，像一个疲倦的人。砭，用石针给疲倦的人治病。《说文解字》："砭，以石刺病也。"砭，用石针刺穴位治病。

针砭：（1）"针""砭"是中医六大疗法之一。针，用金属做的针，中医用来刺激穴位。砭，用石头做的针，亦可刺激穴位。《素问·异法方宜论》："其病皆为痈疡，其治宜砭石。"（2）针，针头圆形，前圆后方，方处为柄，以指易捏为宜。针头在煤油灯焰上炙之微烫，蘸姜汁、艾汁或其他配置药液，立顶于患者穴道，可治风湿、寒热诸病。砭，像一个人手持石针，刺穴位，刮痧，以通血化瘀，治病解乏。（3）金针治疗与砭石出血，合称为"针砭"，针砭又可比喻发现并指出错误，常用来劝人改正。范成大《曦真阁留别方道士宾实》："时时苦语见针砭。""针砭"，多针对时事政治而言，故有"针砭时弊"之说。得病最怕的就是"病入膏肓"，一旦"病入膏肓"，纵然华佗再世，扁鹊重生，亦无力回天。

膏肓：白脂曰膏 黄脂曰肓

　　"膏"，甲骨文像一座亭子里有一坨肉的样子，会意为肥厚的肉，本义为肥肉、脂肪、油脂。《说文解字》："膏，肥也。"因油脂具有滋润作用，故引申义有滋润、肥沃。

　　"肓"，篆文由"亡"和"月"组成。"月"，指肉。肓，药力达不到的部位。《说文解字》："肓，心下鬲上也。"肓，处在心下面，膈的上面。

　　膏肓：（1）膏、肓都与"肉"有关。膏，是油脂，有"民脂民膏"之说。肓，指心脏与横膈膜之间的部位。"心下膏，膏下肓，肓下鬲。"（2）中医认为肉质的心脏叫心包，包裹心脏的那层脂肪叫膏肓，白的脂肪叫"膏"，黄的脂肪叫"肓"。（3）膏肓，中医指心下膈上的部位，可以提供心火燃烧之柴薪，在火热作用下所处为液态，经心室燃烧后气化蒸发的部分在胸腔内压的作用下，随湿热之气外渗体表膀胱经，故名"膏肓"。《左传·成公十年》："疾不可为也。在肓之上，膏之下，攻之不可，达之不及，药不至焉，不可为也。"由此可知，"膏肓"是药力达不到的地方。所以，"病入膏肓"是指病重到无法医治了，接下来只能是生离死别了。

离别：分开曰离 分解曰别

離 邝

"离"（離），此字最早见于睡虎地秦简中，由"隹"（短尾鸟）和"离"组成，篆文承自睡虎地秦简中的形体。会意人伏在草丛里，持网捕捉鸟。《说文解字》："离，黄、仓庚也。"离，离黄、仓庚（一作"鸧鹒"）之类的鸟；引申义有擒获、离开。

"别"，甲骨文像用刀在剔骨，以实现骨肉相分离。《说文解字》："别，分解也。"别，将骨肉分解；引申义有区分、差异、种类、分开。

离别：（1）"离""别"都有分开的意思。"离"，用网将鸟与鸟群分离；"别"，用刀将骨肉分开。（2）《广韵》："近曰离，远曰别。"近距离的分开叫作"离"，远距离的分开叫作"别"。何为远近？生为近，死为远，故有"生离死别"之说。（3）天下没有不散的宴席，悲欢离合，聚少离多是人生的常态，"问君何事轻离别，一年能几团圆月"。最可悲的不是离别，是人心相距甚远。远在天边，心若比邻。近在咫尺，却心在曹营、同床异梦，故"哀莫大于心死"。

死亡：逝世曰死 逃跑曰亡

胱　　ㄅ

"死"，甲骨文由"歺"（尸骨）和"卩"（跪着的人）组成。死，像一个跪着的人对一具尸体失声痛哭的样子，本义指生命结束。《说文解字》："死，澌也，人所离也。"死，精气耗尽，灵魂和肉体相分离。《礼记·坊记》："死，民之卒事也。"死，是人的最终之事。

"亡"，甲骨文像一个人手持兵器掩护自己的样子；金文像一个持兵器的人拼命逃跑的样子，其本义为逃跑。《说文解字》："亡，逃也。"亡，逃跑；引申义有死亡、失去、消灭。

死亡：（1）死，平民百姓最后的一件事。亡，古代是指逃跑，后来才有"死"的意思。（2）"死而不亡者寿。"肉体虽然死了，精神却没有消亡，这样的人才叫寿。可见，"死"，多关注肉体；"亡"，多关注精神。（3）现代汉语中，"死""亡"均表示生命的终止。在古代，尽管都是死，但不同的人死，称呼并不一样。《礼记·曲礼下》记载，天子死曰崩，诸侯死曰薨，大夫死曰卒，士死称不禄，庶人死称死。小孩夭折和病死的，称为殁。

魂魄：阳气曰魂 阴神曰魄

魂　魄

"魂"，篆文由"云"和"鬼"组成。"云"表示飘浮不定，属阳，主动。魂，指离开人体后能独立存在的精神。《说文解字》："魂，阳气也。"魂，人天生的阳气；引申义有灵魂。

"魄"，篆文由"白"和"鬼"组成。"白"是西方之色，属阴，主静，取其收敛、依附之意，故魄是依附于人体而存在的精神。《说文解字》："魄，阴神也。"魄，人的天生阴气；引申义有魄力、气魄。

魂魄：（1）《左传·昭公七年》："人生始化为魄，既生魄，阳曰魂。"魂，为阳气，是后天的，随气而生，附身则人活，离身则人死，人死后其还能独立存在，故指能离开人体而存在的精神。魄，为阴神，是先天的，随形而生，当肉体死亡时，魄便不复存在，故魄为人始生时就依附于人身的精神。（2）《素问·宣明五气篇》："心藏神，肺藏魄，肝藏魂，脾藏意，肾藏志。"七魄藏于肺，三魂藏于肝。（3）魂魄指人的精神灵气。古人认为魂是阳气，构成了人的思维；魄是粗粝重浊的阴气，构成了人的感觉形体。魂魄（阴阳）协调，则人体健康。人死魂（阳气）归于天，精神与魄（形体）脱离，形体骨肉（阴气）则归于地。后常用"魂飞魄散"来表示恐惧的心情，指吓得连魂魄都离开身体飞散了。

埋葬：无礼曰埋 有礼曰葬

"埋"，甲骨文像将牛、羊、犬等家畜放在洞穴之中，会意用土覆掩牲畜，以祭祀山林之神。最初写作"薶"。篆文由"艸"（草）和"貍"组成，会意将野猫等动物埋于土中。《说文解字》："埋，瘗也。"埋，埋葬；引申义有隐藏、掩埋。

"葬"，甲骨文会弃死者于草丛中之意。《说文解字》："葬，藏也。"葬，掩藏尸体。古时有一种葬法，是用厚厚的草木将死者包裹起来安葬。

埋葬：（1）"埋"的对象可以是人、动物、物品。"葬"的对象只能是人。（2）"埋"，可以没有祭祀的仪式。《释名·释丧制》："葬不如礼曰埋。""葬"，必须举行祭祀的仪式，即"葬礼"。掩埋尸体的形式有很多种，"埋"，多指土葬；"葬"，可以是土葬，也可以是天葬、火葬、海葬。（3）中国人讲究入土为安，依礼下葬是对逝者的尊敬。《荀子·礼论》："故葬埋敬藏其形也。"埋葬，是以尊敬的心，安放死者的尸体。曹雪芹在《红楼梦》中描写林黛玉葬花的故事，堪称经典。"质本洁来还洁去"，林黛玉怜花，觉得花落以后"埋"在土里最干净。"埋葬"多少会带有一种悲凉的情绪，因而黛玉葬花之后又发出"侬今葬花人笑痴，他年葬侬知是谁"的感叹。

坟墓：土包曰坟 平地曰墓

坟 墓

"坟"（墳），篆文由"土"和"贲"组成，本义为高出地面的土堆，后指埋葬死人的土堆。《说文解字》："坟，墓也。"坟，墓地。

"墓"，篆文由"莫"和"土"组成。甲骨文"莫"，像太阳隐于草中的样子，会意为天黑或看不见。墓，埋葬尸体的地方。《说文解字》："墓，丘也。"墓，坟丘。

坟墓：（1）"坟""墓"都是埋死人的地方。古人多挖穴葬棺木，与地面齐平，没有隆起的叫"墓"；高于地面，成一个土堆的叫"坟"。"墓而不坟"，是指埋葬死人后不堆土包。（2）坟，埋葬的多是平民百姓，起土堆以标记，陪葬品少，不担心被盗。墓，埋葬的人非富即贵，陪葬宝物较多，担心被盗，为安全起见往往不起土堆，也不留墓志铭。（3）坟墓：埋葬死人之地。筑土为坟，穴地为墓，通称"坟墓"，后指埋葬死人的穴和上面的坟头（土堆）。

怀念：念思曰怀 常思曰念

"怀"（懷），篆文由"忄"和"褱"组成。甲骨文"褱"像因想念某人而流泪的样子，篆文加"心"旁。《说文解字》："怀，念思也。"怀，关怀、思念；引申义有心怀、心意。

"念"，甲骨文由"心"和"亼"组成，金文"亼"旁演化为"今"，表示内心的一种状态。《说文解字》："念，常思也。"念，经常思、经常想；引申义有念头、念叨、怀念。

怀念：（1）"怀""念"均表示思念、想念的意思。"怀"，心里思念，想念得泪湿衣襟。《玉台新咏·古诗为焦仲卿妻作》："感君区区怀。""念"，经常思念，有时会口头表达出来。韩愈《龊龊》："报国心皎洁，念时涕汍澜。"（2）怀念，表示对过去的人、事、物进行回忆。念念不忘，必有回响；相见不如怀念。（3）心里所装的东西，决定了一个人的境界。《论语·里仁》："君子怀德，小人怀土。"君子心里装的是道德，小人心里装的是乡土。《论语·公冶长》："不念旧恶，怨是用希。"君子不记别人的旧仇，从而也极少招致别人的怨恨。

叁

吃穿住行

饥饿：肚饿曰饥 心饥曰饿

饥　饿

"饥"（飢），此字最早见于睡虎地秦简，篆文承袭简文的写法，由"食"和"几"组成，会饥饿之意。《说文解字》："饥，饿也。"饥，肚子饿；引申义有饥荒。

"饿"（餓），篆文由"食"和"我"组成。"我"，自己。饿，我需不需要食物，或者饿不饿，我自己知道。《说文解字》："饿，饥也。"饿，饥饿。

饥饿：（1）《正字通》："饿，甚于饥也。""饿"的程度，比"饥"深。古代"饥"主要指肚子饿；"饿"是更为严重的"饥"，指已经到了没有饭吃，受到了死亡威胁的地步。所以，吃不饱的人，称为"饥民"；饿死的人，称为"饿殍"。（2）"饥"，又指生理上对食物的需求；"饿"，则是心理上对食物的需要。"饿其体肤"的"饿"，是心理上的饿，可以用来激发人的斗志。《谷梁传》疏引徐邈说："有死者曰大饥，无死者曰大饿。"（3）饥者不受"嗟来之食"，虽然生理上"饥饿"，但精神上对不受尊重而得到的食物并不需要，故有"虽饥不饿"之说。怎样做到"虽饥不饿"？《韩非子·饰邪》："家有常业，虽饥不饿。"家中有固定的产业，即使遭遇饥荒也不至于会挨饿。

饮食：喝酒曰饮 吃饭曰食

"饮"，甲骨文像一个人双手捧酒坛、张口伸舌品酒的样子。《说文解字》："饮，歠也。"饮，喝酒；引申义为吃喝、享受。

"食"，甲骨文由"亼"（朝下张开的口）和"皀"（盛食物的器皿）组成，像一个人俯身张开口进食的样子。《说文解字》："食，一米也。"食，吃米饭；引申义有喂养。

饮食：（1）古代"饮"多指喝酒；"食"，六谷之饭曰食。现代汉语中的"饮"，指喝液体饮品，比如酒水饮料，有时特指饮酒；"食"，指吃固体食物，比如米饭、鸡鸭鱼肉、糖饵果品等，有时又特指吃饭。（2）《礼记·郊特牲》："凡饮，养阳气也；凡食，养阴气也。"凡是饮酒，属于保养阳气，凡是进食，属于保养阴气。因此，阳虚多饮补，阴虚多食补。（3）《礼记·礼运》："饮食男女，人之大欲存焉。"吃饭喝酒，是人生最基本的两大需求之一，故有"民以食为天"之说。孔子认为，君子应"谋道不谋食"，因此孔子赞美颜回"安贫乐道"的精神："一箪食，一瓢饮，在陋巷，人不堪其忧，回也不改其乐"。此处"食"是饭，"饮"是水。

粥饭：煮沸曰粥 吃饭曰饭

鬻　飯

"粥"，篆文由"弜""米"和"鬲"组成，表示水蒸气从鬲上升起，米将煮成稀饭。《字汇·鬲部》："粥，煮也。"粥，煮稀饭；引申义为稀饭。

"饭"（飯），金文由"食"和"反"组成。《说文解字》："饭，食也。"饭，吃；引申义有食物、饭菜。

粥饭：（1）"粥"，也叫糜，是一种由稻米、小米或玉米豆类等粮食煮成的稠糊的食物。"饭"古时常用作动词，与"吃""食"同义。"廉颇老矣，尚能饭否？"南北朝时期，"饭"开始用作名词，不仅包括米饭，还包括加工过的菜。比如"吃饭"，就是吃米饭和吃菜。（2）当今一些人将"饭"的"反"解读为"谋反"，将"饭"解读为"没饭吃就造反"，显然是望文生义。（3）"民以食为天"。食物，是人民生存和生活的根本。吃得饱，吃得好，是人民过上美好生活的前提。"锄禾日当午，汗滴禾下土。"粥饭来之不易，应节约珍惜。"一粥一饭，当思来之不易；半丝半缕，恒念物力维艰。"

荤腥：辛菜曰荤 臭肉曰腥

荤　　腥

　　"荤"（葷），篆文由"艹"和"军"组成。荤，具有刺激性气味的蔬菜。《说文解字》："荤，臭菜也。"荤，葱姜蒜等具有辛臭气味的蔬菜。《仓颉篇》："荤，辛菜也。"

　　"腥"，是"胜"的异体字。篆文"腥"由"月"（肉）和"星"组成。《说文解字》："腥，星见食豕，令肉中生小息肉也。"天黑星现之时喂猪，猪容易长出小息肉。腥，本义是猪肉中的小息肉；引申义为难闻的味道。

　　荤腥：（1）"荤"，与"艹"有关，指能发出刺激性气味的植物，如蒜姜葱。"腥"，与"月（肉）"有关，指难闻的，带有腥臭的气味，如动物血肉、胎盘、子卵，天上飞的、地上走的、水里游的，只要散发出难闻的气味都包含在内。（2）想除去肉的腥味、臊味和膻味，应放一些气味更加强烈的佐料，如葱姜蒜等荤菜。"荤腥"合为一体，常常会成就美味。因而"荤腥"有时又可用来指利益、好处。比如，他那个人特势利眼不说，事情有点儿荤腥，马上就去追逐。（3）佛家五荤为大蒜、薤头、兴渠、葱、韭菜。生食"五荤"，容易增加恚恨之心，使人易怒；熟食"五荤"，容易激发淫欲之情，令人多欲。因此，食"荤"是佛家禁忌。释迦牟尼佛于印度传法时，并未规定不准吃肉，只规定不准喝酒和吃葱、蒜、姜等辛辣食物。南朝梁武帝萧衍大力提倡素食，禁止佛教徒吃肉，这才推动了出家人吃素风气的形成。

瓜果：藤果曰瓜 木实曰果

瓜 果

"瓜"，是象形字，金文像一棵藤蔓上结着一个瓜状果实的样子，本义为藤蔓上结的瓜；引申义有瓜分。

"果"，甲骨文像树上结满果子的样子，金文则将诸多果子以"田"形取代，本义为树上的果实。《说文解字》："果，木实也。"果，树上结出的果实，引申义为结果、结局。

瓜果：（1）"瓜"，藤蔓上长出的瓜；"果"，树上长出的果实。"瓜果"，指瓜和果，也泛指果品。（2）"种瓜得瓜，种豆得豆。"种下什么因，结出什么果。"欲知前世因，今生受者是；欲知来世果，今生作者是。"如果你想知道前世种下的是善的果实还是恶的果实，看你今生正在受罪还是享福就可以了；如果你想知道来世是什么样子，通过判断今生是在行善还是作恶就可以了。因此，只有种下善的种子，才能结出善的果子。（3）《道德经》："善有果而已，不敢以取强。果而勿矜，果而勿伐，果而勿骄，果而不得已，果而勿强。"此处的"果"就是果实，指胜利的果实，引申为"取胜"。大意是：有道之人对于取胜，从来不敢用强取的办法霸占胜利的果实。取胜后，不自大，不自夸，不自满。武力取胜是不得已而为之，切不可强取豪夺。

谷泉：注溪曰谷 水源曰泉

谷

　　"谷"，甲骨文的"谷"上半部为"水"的变形，指泉水。"口"，指水流的出口处。谷，指两山间的夹道或流水道。《说文解字》："泉出通川为谷。"水流出川形成的低地称作谷。谷的引申义有低谷、深谷。

　　"泉"，甲骨文像水从山崖流出的样子，会意出水的水口、源头。《说文解字》："泉，水原也。象水流出成川形。"泉，水的源头，像水流出汇成川的样子；引申义有泉水。

　　谷泉：（1）"谷""泉"均与水有关。"谷"表示水从源头流出，向洼地汇聚，因而有"低谷"之说。《尔雅·释水》："水注溪曰谷。"水流入小溪，叫作"谷"。泉水的水口，称为"泉眼"。杨万里《小池》："泉眼无声惜细流，树阴照水爱晴柔。"（2）"问渠哪得清如许，为有源头活水来"，这"源头活水"，便是"泉"。《荀子·荣辱》："短绠不可以汲深井之泉。"短绳不可能打上深井里的泉水，言外之意是能力薄弱，才识短浅，没有办法担当和完成艰巨的任务。（3）"谷"能容，是因为"谷"处在低位，可以聚水如流。《道德经》："旷兮，其若谷。"空旷得好像山谷一样。"虚怀若谷"，像山谷那样深厚宽广，形容为人十分谦虚，能容纳别人的意见。老子又说："上德若谷。"道德高尚的人，胸怀如同山谷一样宽广。

既即：食毕曰既 将食曰即

　　"既"，甲骨文像一个人跪在盛满食物的器皿的旁边，头背向食器，表示已经吃完了，准备离席。《说文解字》："既，小食也。"既，吃完饭；引申义有结束、已经。

　　"即"，甲骨文像一个人跪坐在装满食物的器皿前，准备进餐的样子。《说文解字》："即，即食也。"即，即将就餐；引申义有即将、接近、纵然。

　　既即：（1）甲骨文"既""即"均与吃饭有关。"既"，已经吃过了饭；"即"，正要吃饭、准备吃饭。（2）"既"，表示已经完成，如既成事实、既往不咎。"既来之，则安之"，既然已经来了，就安下心来。"一言既出，驷马难追"，话已经说出来了，用四匹马拉的车也追不回来了。（3）"即"，表示即将进行，引申义有"接近"，如"可望而不可即"。《达摩血脉论》："心即是佛，佛即是心。""即是"，便是。心便是佛，佛便是心。因此，求佛不需要向外，只需要求证于内心。释祖珍有言："佛不远人，即心而证。"

消化：形尽曰消 教行曰化

消　化

"消"，篆文由"氵"和"肖"组成。《说文解字》："消，尽也。"消，消除、消灭；引申义有消失、度过、耗费。

"化"，甲骨文由正反颠倒的两个人字组成；金文承自甲骨文，本义是变化。《说文解字》："化，教行也。"化，教化；引申义有转变、改变。

消化：（1）"消""化"均有变化的意思。"消"，指物体由大变小，通常指物理变化；"化"，指物体从有化无，从生化死，多是化学变化，把猪肉的蛋白质分解成氨基酸，氨基酸再重新组合变成人身体上的肉，这种变化方式可以称作"化"。（2）中医称固体食物从胃到变成流质的过程为"消"；称流质在肠里被吸收、合成养分的过程为"化"。（3）"消化"，指动物或人的消化器官把食物变成可以被机体吸收的养料的过程；又可比喻对知识、事物的理解吸收。人需要食物来维系生命，更需要精神食粮来滋润内心。精神食粮来自知识，知识内化于心，外化于行。"消"，舍去不适合自己的知识，将知识化整为"零"；"化"，吸取知识中的精华，使之成为我们思想体系的一部分。"消化"的最高境界是"从心所欲，不逾矩"。

凉寒：始冷曰凉 极冷曰寒

凉　寒

"凉"，篆文由"氵"和"京"（高的土台）组成。楷书"凉"将"氵"变成"冫"，寓意水开始结冰。《说文解字》："凉，薄也。"凉，冷淡；引申义有凉快、悲凉、凉爽。

"寒"，金文像一个人躺在屋里，四周盖着稻草、露出双脚，瑟瑟发抖的样子。《说文解字》："寒，冻也。"寒，冷；引申义有清贫。

凉寒：（1）"凉""寒"均有寒冷的意思。"凉"，指开始结冰，刚开始冷。"寒"，已经结冰，冷至极点。《尚书·洪范》注："凉是冷之始，寒是冷之极。"（2）药物有寒、热、温、凉四种药性，古称四气。寒与凉具有共同性，凉次于寒。寒性食物寒的程度甚于凉。凉性食物是指在药理上具有清热、泻火、解毒等功能。寒性或凉性的食物都可以去火，如性寒的黄连、性凉的薄荷，但凉性食物的药效低于寒性食物。（3）《增广贤文》："无限朱门生饿殍，几多白屋出公卿。""白屋"指茅屋，也就是"寒门"。寒门往往容易出高官，因为贫穷可以磨砺人的意志。《论语·子罕》："岁寒，然后知松柏之后凋也。"不要指望一夜成名，一口吃成个胖子，受得了寂寞，经得住诱惑，做得了冷板凳，既是一种耐力，更是一种能力。

温暖：渐热曰温 晒热曰暖

"温"，甲骨文像一个人站在盆中沐浴借以暖身的意思。《玉篇·水部》："温，渐热也。"温，渐渐升温；引申义有温暖、平和、复习。

"暖"，与"煖"本是一字。"煖"篆文由"火"和"爰"组成。甲骨文的"爰"像上下两只手抓一根木头，表示相助的意思。煖，烤火取暖。《说文解字》："煖，温也。"暖，温和。

温暖：（1）"温"的对象多是水，给水加热；"暖"的对象应该是人，人自取其暖。"温"，又可指渐渐升温的过程。"暖"，常指人体对具体温度的感受，"春江水暖鸭先知"。（2）"温暖"，既可指天气不冷不热气候适宜，又可指人的内心感受到的温情。身体上的温暖，穿衣裳管用；心理上的温暖，多多美言才行。"良言一句三冬暖，恶语伤人六月寒。"特别是夫妻之间，甜言蜜语是感情的润滑剂，多多美言，就会如沐春风一般，感受到脉脉温情。（3）"温"又可指复习、巩固，学习是一个不断重复的过程。"温故而知新，可以为师矣。"复习旧知识，从中有新的理解和体会，那么他就可以当老师了。

衣裳：上衣曰衣 下裙曰裳

夕　　裳

　　"衣"，甲骨文像一件长带飘飘的衣服的形状。《说文解字》："依也，上曰衣，下曰裳，象覆二人之形。"衣服，是人所依靠的、用来遮体的东西，本义为上衣；引申义有衣服。

　　"裳"，篆文由"尚"和"衣"组成。"衣"，表示与衣服有关。裳，指古人穿的遮蔽下体的衣裙，男女都穿，是裙子的一种。《说文解字》："裳，下裙也。"裳，下身的裙子；引申义有衣裳。

　　衣裳：（1）古代的衣裳不同于今日之衣裳。《说文解字》："上曰衣，下曰裳。"上身穿的衣服叫"衣"，下身穿的衣服叫"裳"。古人无论男女下身均穿裙子，而非像现代人一样只有女子穿裙子，而男子穿裤子。（2）衣的主要功能是遮体，裳除用于遮体外，还兼有保护的功能，《释名·释衣服》有言："裳，障也，所以自障蔽也。""障"是保护，"蔽"是遮羞。由于古代纺织工具简陋，布的幅面很窄，所以一件下裳需要用几块窄幅布才能横拼起来，样子像一幅腰围。（3）"衣裳"又可用来借指圣贤的君主。《周易·系辞下》："黄帝、尧、舜垂衣裳而天下治，盖取诸乾坤。"亦可指优雅之士。《后汉书·崔骃传》："方斯之际，处士山积，学者川流，衣裳被宇，冠盖云浮。"现代汉语中的"衣裳"泛指衣服。

门户：两扇曰门 一扇曰户

門 戶

"门"（門），甲骨文像两扇装进墙里的板子。本义是房屋的门。《说文解字》："门，闻也。"门，听到；引申义有家族、派别、窍门。

"户"，甲骨文像一扇装在墙里并且可以转动的板子。《说文解字》："户，护也。半门曰户。"户，保护；引申义有家。

门户：（1）古时"门""户"有别。一扇曰户，两扇曰门；在堂室曰户，在宅院的进出口曰门。（2）门户，本指房屋墙院的出入口；后来引申为派别、宗派、门第、途径等。"清理门户"，指清除组织内的背叛者。（3）门户是家庭兴衰的象征，古代建筑的门口往往设有"门当"和"户对"。门当，是指门口有一对石墩或石鼓。门当有方形、圆形之分，方形代表商贾之家，圆形代表官宦之家。户对，是置于门楣上或门楣双侧的砖雕、木雕，是身份的象征。门当的数量，是屋主人地位和身份的象征：三品以下的官员，两个门当；三品官员，四个；二品官员，六个；一品官员，八个；皇帝，九个，会意为九鼎之尊。由此可见，"门当"和"户对"不仅是一种装饰，更是身份地位的象征，"门当户对"后来又成为一种标准，用于衡量男女婚嫁是否匹配。

居住：长住曰居 过夜曰住

居　住

"居"，金文由"尸"（屈膝的人）和"古"组成。居，人长时间地屈膝久坐。《说文解字》："居，蹲也。"居，蹲踞；引申义有居住、定位、存有、住房。

"住"，《字汇·人部》："住，居也。"住，居住；引申义有留下、停止。

居住：（1）"居""住"均有住宿的意思。"居"，可指长期居留或短暂歇息，故有"安居""定居"之说。"住"，有住宿、过夜的意思，故有"暂住"之说。（2）宋朝时官吏降职并调往边远地区，称"居住"。（3）"安居"，安心居住，安稳地生活，因有固定住所。安居，然后才可以乐业，故有"安居乐业"之说。孙中山说："居者有其屋。"让居民都能有自己的房子住，是为政者必须考虑的大事，也是有理想、有抱负的仁人志士的追求。"安得广厦千万间，大庇天下寒士俱欢颜。"杜甫自己住在破旧的茅屋里，茅屋被秋风破坏，冷风吹入，他不思己身之苦却希望天下寒士均能安居，这真是不以物喜、不以己悲的大情怀。

洗澡：洒足曰洗 洒手曰澡

　　"洗"，甲骨文像一只脚趾（"止"）的四周有水，表示将脚浸在水里，会洗脚之意。《说文解字》："洗，洒足也。"洗，洗足；引申义有洗净、洗心。

　　"澡"，篆文由"水"和"喿"组成，会洗手之意。《说文解字》："澡，洒手也。"澡，洗手；引申义有洗澡。

　　洗澡：（1）古代"洗"，指洗脚；"澡"，指洗手。"洗""澡"，都是用水洗去脏物。"洗"的结果是干净。"一贫如洗"，穷得如同水洗过一样。（2）中医认为，春天养生要多梳头，勤洗澡。明代文学家杨慎认为，要"饥梳头，饱洗澡"，梳头最好在饭前，洗澡最好在饭后。洗澡的正确顺序是先洗脸，然后洗四肢，最后洗头。人们喜欢先洗头，后洗身子，这样是不正确的。因为头是诸阳之汇，洗好身体发热后，头上的脑血管和头皮毛孔就可以适应好温度，这样有益于身心健康。（3）《礼记·儒行》："儒有澡身而浴德。""澡身"，清洗身体；"浴德"，清心，修养德行。儒者清洗身体，以斋戒、寡欲、清心来修养自己的德行。"沐浴洗澡"可由外而内，不仅可清身，亦可清心。

沐浴：濯发曰沐 洒身曰浴

"沐"，甲骨文像雨水洒落在树上的样子，本义为雨水冲洗树叶。《说文解字》："沐，濯发也。"沐，洗头发；引申义有洗头、洗澡。

"浴"，金文像流水冲洗山谷的样子。《说文解字》："浴，洒身也。"浴，冲洗身体；引申义有淋浴、洗浴。

沐浴：（1）"沐"，又可专指洗头发；"浴"，又可专指洗身体。苏东坡："老来百事懒，身垢犹念浴。"人老了什么都懒得动，懒到身上蒙垢了才做沐浴之想。（2）沐浴，指洗澡。我国沐浴的历史悠久，早在3000年前的殷商时代，甲骨文中就有关于沐浴的记载。《周礼·天官·宫人》曾有"王之寝中有浴室"的记载。节日或举行重大典礼的时候，古人都会沐浴更衣。比如皇帝祭天拜祖、僧人诵经念佛之前，都要"沐浴"，以示心洁崇敬。（3）《史记·屈原贾生列传》："新沐者必弹冠，新浴者必振衣。"刚刚洗完头发的人一定要把帽子上的尘土弹去，刚刚洗完澡的人一定会抖落衣服上的灰尘。

睡眠：坐寐曰睡 翕目曰眠

睡　瞑

"睡"，篆文由"目"（眼睛）和"垂"（下垂）组成。睡，眼皮下垂，开始打盹。《说文解字》："睡，坐寐也。"睡，坐着打盹；引申义有睡觉。

"眠"（瞑），篆文由"目"（眼睛）和"冥"组成。"冥"，黑夜，此处表示天色已深，人睡得很深。瞑，闭目熟睡。隶书以"眠"代替"瞑"，表示深睡。《说文解字》："瞑，翕目也。"瞑，闭上眼睛睡觉；引申义有闭目、睡觉、黑暗。

睡眠：（1）古时"睡"字不是"睡觉"的意思，而是指坐着打盹；表示睡觉的字还有"寐""寝""眠""卧"等。"睡"作"睡觉"讲时始于唐朝。（2）现代汉语中"睡""眠"是一对近义词，"睡"，表示"闭目"；"眠"，表示深睡。"睡"是"眠"的前奏，"睡"浅"眠"深。（3）王阳明："少睡眠则神自澄。"少睡觉，可以让元神清明。人们普遍认同八小时睡眠理论，睡眠若超过八小时，人很容易萎靡不振，偶尔睡得时间短，反而还精力旺盛。古人认为，最易入睡的时段在子时和午时，称为"子午觉"，其原则是"子时大睡，午时小憩"。

道路：一达曰道 足下曰路

衜　路

　　"道"，金文由"行"（十字路口）、"首"（头脑）和"止"（脚）组成。道，处在十字路口需要进行选择时，应用头脑思考，决定何去何从。《说文解字》："道，所行道也。"道，行走的路；引申义有表达、规律。

　　"路"，金文由"足"（脚）和"各"组成。"各"，像部队离开驻扎地，开始远征的样子。路，军队出征所行走的线路。《说文解字》："路，道也。"路，道路；引申义有路径、思路、路过。

　　道路：（1）道，直达之路。《说文解字》："一达谓之道。"直达的大路称为"道"。路，军队出征所走的道，相当于现在的"国道"。（2）"路"，大路、小路。"道"引申义比较多，有思想、学说、方法、技巧、道理、规律等等。（3）道法自然，道是生万物的根本。"道生一，一生二，二生三，三生万物。""道"只有一个，而前往"道"的路径有千万条，故有"条条大路通罗马"之说。"敢问路在何方？路在足下。""不积跬步，无以至千里。"一步一个脚印行走下去，便可走出一条康庄大道。

行走：足进曰行 疾趋曰走

屮　延

"行"，甲骨文像一个四通八达的路口，会意为人行走在十字路口。《说文解字》："行，人之步趋也。"行，人步行或小跑；引申义为行动。

"走"，甲骨文像一个人迈开双脚、挥动双手在极力奔跑的样子。《说文解字》："走，趋也。"走，小跑；引申义有离开、步行、失控、进行。

行走：（1）《释名·释姿容》："两足进曰行，徐行曰步，疾行曰趋，疾趋曰走。"行，两只脚板往前迈进；步，慢慢前行；趋，快速行走；走，快跑。根据速度由慢到快可排列为：行、步、趋、走。（2）晋朝王嘉《拾遗记·后汉》："夫人好学，虽死犹存；不学者，虽存，谓之行尸走肉耳。"人如果好学，即使死了，好像还活着；不学习的人，即使活着，却像行尸走肉一般。"行尸走肉"，用来比喻人只有肉体，没有精神和思想。

奔驰：急走曰奔 疾跑曰驰

太 騾

"奔"，金文像一个人张开双臂、迈着双腿，在草地上奋力奔跑的样子。《说文解字》："奔，走也。"奔，急走；引申义有狂奔、投奔、奔命。

"驰"（馳），篆文由"马"（骏马）和"也"组成。驰，马极力奔跑。《说文解字》："驰，大驱也。"驰，马奋力疾奔；引申义有传播、追求。

奔驰：（1）古代，"奔"，指人奋力奔跑，比如"劳苦奔走"；"驰"，指马极力驰骋。"车驰卒奔"，车，马车；卒，指士兵。（2）"奔""驰"都有现代汉语中"跑"的意思，区别在于二者表示跑的不同的速度，"奔"的速度比"驰"的速度要慢，因为"奔"多是人跑，"驰"主要是马跑。"奔驰"，指速度非常快。（3）《尔雅·释宫》："中庭谓之走，大路谓之奔。"在中庭称之为"走"，在大路上称之为"奔"。中国古代女子若没有通过正当礼节而私去与男子结合，称为"私奔"。《史记·司马相如列传》："文君夜亡奔相如。"才女卓文君被司马相如的琴声挑动了心弦，连夜逃离家，与司马相如私奔。此处的"奔"字传神地表达了卓文君的急迫心情。

肆

喜怒哀乐

欢喜：喜乐曰欢 快乐曰喜

歡　喜

"欢"（歡），篆文由"雚"（猎鹰）和"欠"（像人吐气的样子）组成。歡，猎鹰发现猎物，发出欢快的声音。《说文解字》："欢，喜乐也。"欢，喜悦欢乐；引申义有兴奋、快意。

"喜"，甲骨文由"壴"和"口"组成。"壴"是"鼓"的初文。喜，会意为听到鼓声就欢乐的心情。《说文解字》："喜，乐也。"喜，快乐；引申义有喜爱、得意、欢迎。

喜欢：（1）"喜""欢"都表示欢乐、快乐的意思。"欢"的快乐程度比"喜"深。"喜"，是用行动表示喜悦；"欢"，是用语言表示喜悦。（2）"欢喜"，是行动和语言的一致，是对快乐的表达，泛指喜爱，也有愉快、高兴、开心的意思。《诗经·小雅·菁菁者莪》："既见君子，我心则喜。"（3）人生变化无常，"一场欢喜一场空"。曹雪芹《红楼梦》："一场欢喜忽悲辛。叹人世，终难定！"一场欢喜之后，忽然又转为悲痛，感叹人生，真是难以预料。正因如此，李白发出了"人生得意须尽欢，莫使金樽空对月"的感慨。

庆贺：行贺曰庆 礼庆曰贺

素 贻

　　"庆"（慶），甲骨文、金文均由"心"和"鹿"组成。"心"表示心意，"鹿"表示拿鹿皮来相贺，会意双手捧着鹿皮，诚心诚意地前往祝贺别人。庆，手持鹿皮，诚心前往祝贺。《说文解字》："庆，行贺人也……吉礼以鹿皮为挚。"庆，前往祝贺别人，士行加冠礼、聘礼时多赠送鹿皮。庆的引申义有祝贺、喜庆、仪式。

　　"贺"（賀），金文由"又"（手）、"口"（说）和"贝"（钱财）组成。贺，手捧钱物，口里说着赞词，向别人祝贺。《说文解字》："贺，以礼相奉庆也。"贺，赠送礼物来庆祝；引申义有道喜、贺喜。

　　庆贺：（1）"庆""贺"早期均表示持礼物前往祝贺他人。庆，送的是鹿皮。古代，鹿是珍贵的动物，因此人们往往把鹿皮当作贺礼。贺，送的多是钱财。（2）庆，以礼物表达心意。贺，不仅送礼物，还要说上一堆庆祝的话。（3）"庆贺"一词最早出自《周礼·秋官》："若国有福事，则令庆贺之。"如果国家有好事，那就让全民来庆贺。《尚书·吕刑》："一人有庆，兆民赖之。"古代天子代表国家，如果天子有值得庆贺的事，那么百姓就会共享其利，形成"普天同庆"的局面。

舒服：伸展曰舒 所用曰服

舒　服

"舒"，篆文由"舍"（舍弃）和"予"（推出）组成。舒，舍弃、推出多余的物品。《说文解字》："舒，伸也。"舒，伸展。因将多余物品舍弃，腾出的空间可以伸展躯体，心情也会因此好起来；引申义有舒适、舒心。

"服"，甲骨文像一只手抓住一个犯人，并给犯人戴上枷锁，使之服罪。《说文解字》："服，用也。"服，使之为我所用；引申义有服从、服务、佩服、习惯。

舒服：（1）古人的"舒"是主动而得，舍弃不必要的东西。"服"是被动而获，强迫他人服从。纵观世间万物，最能让人从内心深处服从的是"身正"。"其身正，不令而行；其身不正，虽令不从。"（2）今人将"舒"解为"舍予即舒"，认为人要活得舒服，就要学会"舍"和"予"，即学会舍弃，学会给予，虽然有几分道理，但与造字之初的本义仍有一些距离。（3）现代汉语中的"舒服"一词，指身体或精神上感到轻松愉快。人要主动丢弃一些不必要的东西，接受一定的规矩、道德、法律的约束，否则，"快心事过恐生殃"，顺心的事情过去后难免有不顺心的事发生。人要度德量力，适可而止，不可得意忘形。"舒服"的最高境界是身心兼得、内外兼修。

和谐：相应曰和 融洽曰谐

呼 諧

"和"，金文由"禾"和"口"组成。"口"表示发出的声音。和，指声音相应和、和谐地跟着唱或伴奏。《说文解字》："和，相应也。"和，相互应和；引申义有和平、协调。

"谐"（諧），篆文由"言"（说话）和"皆"组成。谐，异口同声地表示认可、同意，意味着意见高度一致。《说文解字》："谐，洽也。"谐，和谐，融洽，强调配合得得当；引申义有妥当、商定。

和谐：（1）"和"，声音相应和；"谐"，和谐、融洽。当今社会将"和谐"解读为"有饭吃、有话语权"，显然是望文生义。（2）"和"，有附和的意思。德行高的人，绝不附和于世俗。《商君书·更法》："论至德者不和于俗。""谐"，可以指附和，也可以指相互捧场。（3）和谐，必须要用一定的形式表现出来，否则很容易让人无法察觉。因此，要"和谐"，光有心还不够，还得用行动来表现。《易传·文言传》："利者，义之和也。"要追求利益，就要讲求与道义的和谐统一。对大家都有利，照顾大家的利益，才能实现共赢。

顾盼：环视曰顾 前看曰盼

顾　盼

"顾"，金文由"鸟"和"寡"组成，像一只鸟正在环视四周的样子。《说文解字》："顾，还视也。"顾，回头看；引申义有照顾、观看、访问、拜访。

"盼"，篆文由"目"（眼睛）和"分"（分别、分开）组成。《说文解字》："盼，目黑白分也。"盼，眼睛黑白分明，睁大眼睛向前看；引申义有期待、期望。

顾盼：（1）"顾"，指候鸟定期回来，提醒人们开展农桑之事；"盼"，睁大眼睛观看。（2）"顾""盼"均表示看。"顾"，回头看；"盼"，向前看，"左顾右盼"，即向左右两边看，形容得意、犹豫等神态，后又衍生出"仔细观察"之意。（3）"顾盼"，双目有情对视，故有"顾盼有情"之说。回首、抬眼之间，就有美妙姿色，眉目传情、姿色动人，称之为"顾盼生辉"。左右顾视，目光炯炯，神采飞扬，称为"顾盼神飞"。左看右看，都觉得自己了不起，叫作"顾盼自雄"，又可形容人得意忘形的样子。

忧虑：愁绪曰忧 谋思曰虑

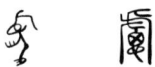

忱 靥

　　"忧"（憂），甲骨文像一个人以手掩面的样子。篆文加"心"，表示同心情有关。忧，指沉重、郁闷的心情。《说文解字》："忧，愁也。"忧，忧愁；引申义有解忧。

　　"虑"（慮），篆文由"虍"和"思"组成。"思"，是心和头脑的组合，主思考。虑，担心老虎等猛兽来袭击的心情。《说文解字》："虑，谋思也。"虑，谋划思考；引申义有忧虑、担心。

　　忧虑：（1）从造字的本义来看，"忧"，自己发愁；"虑"，主要指担心外来的危险。（2）《黄帝内经·灵枢》："因思而远慕谓之虑。"焦虑症患者多是对事业、生活有完美追求的人，故而极易出现忧虑的情绪，会经常感觉到压力，会经常展露愁容，其实这种忧虑多是"杞人忧天"。（3）《论语·卫灵公》："人无远虑，必有近忧。"人如果没有长远的谋思，那么忧患一定在眼前了。《左传·襄公二十三年》："临祸忘忧，忧必及之。"面临灾祸却忘记了忧虑，灾祸必然会来临。

恐怕：惧怕曰恐 无为曰怕

恐　怕

"恐"，金文由"工"和"心"组成。篆文则由"巩"和"心"组成，"巩"，指用黄牛皮革包东西，时间久了，皮革干燥收缩，越裹越紧，严实无缝。恐，用"巩"来包裹心脏，自然会十分惧怕。《说文解字》："恐，惧也。"恐，惧怕；引申义有恐怕、恐吓。

"怕"，篆文由"忄"和"白"组成。"白"，白色，属于西方的颜色，也是秋天的颜色，含有肃杀之气。《说文解字》："怕，无为也。"怕，因担心无所作为而产生的恐惧；引申义有恐怕、害怕。

恐怕：（1）古人认为，"恐"的原因是心灵受到了创伤、震慑；"怕"的原因是担心人生无所作为。（2）"恐"也是"怕"，只是"恐"的程度比"怕"深，已达到了"恐怖"的程度。最"恐"之事，莫过于用皮革裹心，时间越久，心裹得越紧。（3）"人生一世，草木一秋。"人生最"怕"之事，莫过于碌碌无为。道家崇尚"无为"。道家的"无为"，其实并不是真正的无所事事、无所作为，而是在关键时刻"有为"，说到底就是，别人能做好的事，让别人去做；别人做不好的事，我来帮着做。如此，便可"为无为，则无不治矣"。

愤怒：懑恨曰愤 恚恨曰怒

愤 怒

"愤"，篆文由"忄"和"贲"组成。《说文解字》："愤，懑也。"愤，内心充满怒气；引申义有愤怒、气愤。

"怒"，此字最早见于郭店楚简，由"心"和"女"组成，"心"表示内心的状态。篆文由"奴"和"心"组成。《说文解字》："怒，恚也。"怒，愤恨；引申义有不满、气愤。

愤怒：（1）"愤""怒"都用来表示人的不满。"愤"，对外表现出不满；"怒"，多指内心感受，未对外发出。"敢怒不敢言"的"怒"，指的就是内心感受。（2）愤怒是人生的大敌，学会控制自己的情绪，是一个人成熟的标志。在愤怒之时，千万不要做决策，因为愤怒会让人失去理智，犹如魔鬼附身，会犯下不可饶恕的错误，这样必然会影响事业发展、损害人际关系、损害身体健康。佛语有云："勤修戒定慧，熄灭贪嗔痴。""嗔"，就是生气、愤怒。（3）有一种愤怒是必须有的，那就是对违背正义的行为所发出的愤怒，这种愤怒叫"义愤"，故有"义愤填膺"之说。《后汉书·逸民传序》："汉室中微，王莽篡位，士之蕴藉，义愤甚矣。"

烦恼：头痛曰烦 怨恨曰恼

烦 恼

"烦"（煩），篆文由"火"（火烧）和"页"（头脑）组成。烦，思考过多，头脑发热似火在烤一般。《说文解字》："烦，热头痛也。"烦，身体发热引起头痛；引申义为烦躁、厌烦。

"恼"（惱、嫐），篆文由"女"和"㛰"（头脑）组成。《说文解字》："恼，有所恨也。"恼，有所怨恨。人一旦情感丰富，就会生出许多烦恼，故恼的引申义为怨恨。

烦恼：（1）古人认为"烦"是一种头热痛的病，与头有关；"恼"是一种怨恨的心情，与心有关。（2）"烦恼"，指不顺心，不畅快，烦闷苦恼。据《大智度论》卷七解释："烦恼者，能令心烦能作恼故，名为烦恼。"唐代窥基《成唯识论述记》卷一解释："烦是扰义，恼是乱义；扰乱有情（众生），故名烦恼。"（3）佛教认为，烦恼的根源在于"三毒"：贪、嗔、痴。"三毒"若在，烦恼自生。"野花不种年年有，烦恼无根日日生。""烦恼"由自寻而得，少了出头之心、得失之心，烦恼也就少了。"是非只为多开口，烦恼皆因强出头。"宋代无门慧开禅师有一首偈语说得很好："春有百花秋有月，夏有凉风冬有雪；若无闲事挂心头，便是人间好时节。"只要我们有一双欣赏美的眼睛，不去记挂闲事，那么任何时候都是人间的好时节。

畏惧：害怕曰畏 恐慌曰惧

畏 蘷

"畏"，甲骨文像鬼手执杖的样子，本义为畏惧、害怕。《说文解字》："畏，恶也。"畏，害怕；引申义有担心、吓唬。

"惧"（懼），金文由"䀠"（眼睛）、"隹"（短尾鸟）和"心"组成。"心"表示内心的状态，"䀠"表示因心中恐慌眼睛左右看的样子。《说文解字》："惧，恐也。"惧，恐慌害怕；引申义有恐慌、惧怕。

畏惧：（1）"畏"，是恐怖、害怕。《说文解字》："鬼头而虎爪，可畏也。"鬼头恐怖，虎爪威风，都让人畏惧。"惧"，是恐惧，因看到恐怖的事物而内心产生惊慌，眼睛不由自主地左顾右盼的样子。（2）从古代的文献记载看，"畏"的对象多是上帝、鬼神、天命、权势，故有"敬畏"之义；"惧"的对象通常面貌可怕，含有"害怕""警惕"之义。（3）孔子认为，"君子有三畏：畏天命、畏大人、畏圣人之言。"有敬畏之心，人才能降服自心。"勇者不惧"，勇敢的人从不会害怕恐惧，总是一往无前。比如刺秦王的荆轲，虽已下决心归隐山林，但为了国家利益，仍决定奋力一搏，其大无畏的精神值得我们所有后世人学习。

怨恨：心恚曰怨 埋怨曰恨

怨　恨

"怨"，小篆由"心"和"夗"组成，"心"表心脏，"夗"指侧卧屈膝，表示怨者屈而不得伸。《说文解字》："怨，恚也。"怨，藏恨于心；引申义有埋怨、怨气、结怨。

"恨"，篆文由"忄"和"艮"组成。"艮"，甲骨文像一只眼睛回头怒目张望的样子。恨，表示怒目张望时的心情。《说文解字》："恨，怨也。"恨，怨恨；引申义有怀恨、记恨。

怨恨：（1）"怨"，内心不满。《墨子·尚贤》："举公义，辟私怨。""恨"，怒目张望，心情常常流露于外，故有"恨之入骨"之说。因此，"恨"比"怨"的程度深。由"怨"生"恨"。（2）怨，对某人的言语行为不满，怨气在心，但不会付诸行动。恨，对某人怀恨在心，具有以行动报复来解恨的冲动。宋人高观国的《玲珑四犯》："少年曾失春风意，到如今怨恨难诉。"（3）有人问孔子："以德报怨，怎么样？"孔子说："以德报怨的话，那么以什么来报德呢？所以'以直报怨，以德报德。'"以直报怨，就是要对罪恶给予相应的惩罚，否则，就是纵容。怨气多了，就会"民怨伤国"。

咒骂：责难曰咒 责骂曰骂

呪　　䍑

"咒"，篆文由"兄"和"口"（说话）组成。"兄"，古代家族中主持祭祀的人。咒，主持祭祀的人说的话。因咒的内容具有两面性，要么是祈祷降福给自己，要么是祈祷降祸给他人，故咒的引申义有咒语、咒骂。

"骂"（䍑），篆文由"网"（网）和"马"组成。"马"，指野马。骂，用一张网去捕捉野马。野马性子刚烈，很难驯服，仰蹄长啸，昂首长吼，犹如责骂人一般。《说文解字》："骂，詈也。"骂，本义是用恶言侮辱人；引申义有斥骂、责骂。

咒骂：（1）咒，诅咒他人不顺利，内容通常都很恶毒；骂，责骂，表达对别人不满意，说的话过分或有辱人格。（2）"咒"是"骂"的升级。"咒骂"，用恶毒的话骂。咒骂最伤人的心，"良言一句三冬暖，恶语伤人六月寒"。佛教里"咒""骂"均属于"口业"，是恶业的一种，所以佛教劝人"不说他人过，亦不称己德"，努力做到不妄语、不两舌、不恶口、不绮语。（3）"打情骂俏"，有时"骂俏"是生活的情趣，是情感的润滑剂。口中留德，"咒"人的话千万不能说；被人"咒骂"，切忌回应，不回应等于不接受，不接受，咒骂便与自己无关。

涕泣：出声曰涕 无声曰泣

霂　泣

　　"涕"，金文由"雨""弟"和"米"（一说为"水"）组成，"雨"，会涕泗滂沱，泪如雨下之意。本义为眼泪。《说文解字》："涕，泣也。"涕，哭泣；引申义有眼泪、鼻液。

　　"泣"，篆文由"立"和"水"组成。"立"像一个人站立的样子，泣，就是人站着流眼泪。《说文解字》："泣，无声出涕曰泣。"流着眼泪但没有发出声，叫作泣。泣的引申义有哭泣、泪水。

　　涕泣：（1）暂未在先秦典籍中发现"泪"字，"涕"，先秦时期通常指"眼泪"。《离骚》："长太息以掩涕兮，哀民生之多艰。"秦朝以后，"泪"字才出现，"涕"则专指"鼻涕"。杜甫《闻官军收河南河北》："初闻涕泪满衣裳。"（2）涕，流着眼泪，哭出声；泣，流着眼泪，没有哭出声。白居易《琵琶行》："座中泣下谁最多？江州司马青衫湿。"（3）"涕泣"，哭泣流泪。"泣不成声"，哭得噎住了，出不来声，形容非常伤心。"感激涕零"，因感激而流泪，形容极度感激。

哀号：悲痛曰哀 呼叫曰号

令　號

　　"哀"，金文由"衣"（衣服）和"口"（说）组成。哀，一个人因悲伤而哀号，又怕别人知道，故用衣袖掩住嘴巴。《说文解字》："哀，闵也。"哀，悲伤、悲痛；引申义有悲哀、痛苦、悼念。

　　"号"（號），篆文由"号"和"虎"组成。号，会意从老虎嘴里发出的巨大的声音。《说文解字》："号，呼也。"号，高声发出哀号声；引申义有号呼、标志、信号、号码。

　　哀号：（1）古代汉语中的"哀""号"都是指哀伤。"号"，哭出声来了，边哭边说。《颜氏家训·礼》："以哭有言者为号。""哀"，声音没有发出来，往往指放在心里的悲哀。（2）"哀"的恰到好处就是"哀而不伤"，虽然哀痛但不过分，不能因此伤害身体。"号"的极致便是"号天哭地"，指悲伤到极点。（3）人最悲哀的事，就是思想麻木不仁，如行尸走肉一般，"心死"比"身死"更值得哀伤。《庄子·田子方》："夫哀莫大于心死，而人死亦次之。""心死"，说到底就是活着却没有了精、气、神。

愁闷：悲秋曰愁 心懑曰闷

愁　闷

"愁"，篆文由"秋"和"心"组成。《说文解字》："愁，忧也。"愁，忧郁、忧虑；引申义有离愁、愁苦、旧愁。

"闷"（悶），简文由"门"和"心"组成。"闷"，心被关在门里面，封闭了自己的心，自然闷闷不乐。《说文解字》："闷，懑也。"闷，烦闷，生气；引申义有苦闷、沉闷、郁闷。

愁闷：（1）古人认为"愁"多因悲秋而起，睹物而忧虑；"闷"则因自我封闭，忧郁而寡欢。（2）古代有"女子伤春，男子悲秋"之说。男人之所以悲秋，是因为男人属阳性，而秋天属阴性，因季节而触发，所以男人容易悲秋。化解男人"愁"的办法有两种：一是征战，鼓励男人建功立业，因而多数战事多发生在秋天；二是结婚，实现阴阳融合。（3）愁的根本原因是心有所牵挂，消愁的办法是消除牵挂或转而接受现实，解铃还须系铃人，否则，只会"举杯消愁愁更愁"。解"闷"的办法，是要让心走出去，到大自然中去，打开胸怀，接纳别人，也释放自己。高适《别董大》："莫愁前路无知己，天下谁人不识君。"

恩仇：施惠曰恩 怨恨曰仇

恩 仇

"恩"，篆文由"因"和"心"组成。《说文解字》："因，就也。"因，成就，到达。恩，可指帮助他人完成目标的心。《说文解字》："恩，惠也。"恩，恩惠；引申义有恩情、感恩、感谢。

"仇"，篆文由"亻（人）"和"九"组成。《说文解字》："仇，雠也。"本义指配偶，段玉裁注："仇，为怨匹，亦为嘉偶。"后引申为仇怨、怨恨。

恩仇：（1）古人认为，"恩"，因成就他人而得。"仇"，因语言争吵而起，因而必须要慎言，否则"小不忍则乱大谋"。（2）人生在世，最需要分清楚的是谁是恩人，谁是仇人，切忌"恩仇不分"。"恩仇不辨非豪杰，黑白未分是丈夫。"（3）对于有恩于自己的人，应"滴水之恩，当涌泉相报。"对于仇人，就是要好好活着，活得比他好。寒山问拾得："世间有人谤我、欺我、辱我、笑我、轻我、贱我、恶我、骗我，该如何处之乎？"拾得答道："只需忍他、让他、由他、避他、耐他、敬他、不要理他，再待几年你且看他。"人生如白驹过隙，不妨"一笑泯恩仇"。

哭笑：哀声曰哭 欢喜曰笑

哭　　笑

"哭"，甲骨文像一个披头散发的人双手及地、痛哭申诉的样子。篆文由"吅"和"犬"组成，借狗的呜咽来表示人的悲伤难过。《说文解字》："哭，哀声也。"哭，哀伤时发出的声音；引申义有哭号、哭泣。

"笑"，篆文由"竹"和"夭"组成。"竹"像人的眼睛和眉毛；"夭"，像手舞足蹈的人。笑，表示一个人眉开眼笑、手舞足蹈、笑弯了腰的样子。《说文解字》："笑，喜也。"笑，欢喜；引申义有笑语、笑话、笑纹。

哭笑：（1）"哭""笑"的字形可以说是最传神的汉字了。"哭"，双眼泪流不止；"笑"，手舞足蹈、眉开眼笑。（2）《论语·宪问》："乐然后笑，人不厌其笑。"可知，"笑"是因快乐而起。由此推之，"哭"大概是因悲哀而来。人们最尴尬的状况是哭也不是，笑也不是，叫"哭笑不得"。（3）人生不如意事十之八九，遇事不妨"笑看花开花谢"，笑对人生荣辱得失。亦可"痛哭流涕"，宣泄完悲伤情绪，然后轻装上阵。若哭之笑之不驻于心，则无人可敌。

快乐：喜悦曰快 取悦曰乐

　　"快"，篆文由"忄"和"夬"组成。古人认为可以直抒胸臆，说话算数是一件大快人心的事情。《说文解字》："快，喜也。"快，喜悦。

　　"乐"（樂），甲骨文由"丝"和"木"（琴架子）组成，会乐器之弦附于木上之意；乐，像一种架子上绑有弦丝的古代乐器。金文加"白"，上半部像鼓鞭；"木"，像鼓鞭的支架。《说文解字》："乐，五声八音总名。"乐，五声八音的总称，因为音乐可以带来愉悦的心情，故引申义为快乐、高兴。

　　快乐：（1）"快"原是指一种喜悦的心情；"乐"原是指一种乐器。"快"，由内而外，是一种内心的美妙感觉，不容易受外界影响；"乐"，由外而内，因音乐之美妙，而带来内心美好的感受。因此，"快乐"指内外皆愉悦的心情。（2）《吕氏春秋·古贤篇》："昔黄帝令伶伦作五律。"伶伦，是古代民间传说中的人物，相传为黄帝时代的乐官，是发明律吕、据以制乐的始祖。"伶"是先秦时期对乐师的称呼，因此后来人们又称"艺人"为"伶人"。（3）范仲淹："先天下之忧而忧，后天下之乐而乐。"为人要胸怀远大，"不以物喜，不以己悲"，在天下人忧愁之前先忧愁，在天下人快乐之后才快乐。孟子亦说，"独乐乐"不如"众乐乐"。

（伍）

正心诚意

性情：阳善曰性 阴欲曰情

性 情

"性"，篆文由"忄"和"生"组成。"生"，像草木新芽破土而出，代表着生命力。性，表示从心里涌出犹如新芽破土而出一般的情感。《说文解字》："性，人之阳气性善者也。"性，人的本性；引申义有性欲、本质。

"情"，篆文由"忄"和"青"组成。"青"，是东方之颜色，丹青之色，代表着生命力。情，表示有生命力的内心活动和心理需求。《说文解字》："情，人之阴气有欲者也。"情，人的阴柔之气和本能欲望的体现，引申义有情欲、情绪、情况。

性情：（1）性由心生，是人与生俱来的本能，和饮食一样自然。《荀子·性恶》："不可学，不可事而在人者，谓之性。"情，由心生、具有内在动力的情感。《淮南子·本经》："天爱其精，地爱其平，人爱其情。"（2）"性""情"，均是情感的表现。《荀子·正名》："情者，性之质也。"性是"情"的内在本质；"情"是"性"的外在表现。（3）人们常说的"性情中人"，其实就是感情丰富、率性而为的人。常听人评价"某某是性情中人"，这评价中略带几分羡慕，还有些许感慨、赞许。

禽兽：两足曰禽 四足曰兽

　　"禽"，甲骨文像一个带柄的捕鸟工具。金文给捕鸟工具加上了盖子，表示将鸟关在其中。禽的本义为用网捕鸟。《说文解字》："禽，走兽总名。"禽，指禽、兽的总称；引申义为鸟类、家禽。

　　"兽"（獸），甲骨文像用弹弓射杀、捕捉犬类的样子。兽的本义是用弹弓捉狗。《说文解字》："兽，守备者。"兽，守候猎取；引申义为兽类。

　　禽兽：（1）古文"禽"，挥网捕鸟。"兽"，守候捉狗。（2）《尔雅·释鸟》："二足而羽谓之禽，四足而毛谓之兽。"二只足、长羽毛的叫"禽"，四只足、长毛的叫"兽"。禽鸟飞翔，野兽奔跑，故有"飞禽走兽"之说。（3）禽兽，是禽类和兽类的总称；古代既可专指兽类，又可用来比喻卑鄙、无人性的人，最早出自《孟子·滕文公上》："草木畅茂，禽兽繁殖；五谷不登，禽兽逼人。""衣冠禽兽"一语来源于明代官员的服饰。据史料记载，明朝规定，文官官服绣禽，武官官服绘兽。"衣冠禽兽"原来很明显是个褒义词，明朝末年时期变成了贬义，喻指道德极其败坏的人。

癫狂：重阴曰癫 重阳曰狂

癫 狂

"癫"，古代"颠"在表示"精神失常"这个意义时，常与"癫"混用。金文"颠"，由"真"和"页"（头脑）组成。《说文解字》："真，仙人变形而登天也。""真"，仙人改变样子飞升上天。"颠"，或指想登天当仙人的想法。这种想法不切实际，沉迷于此，便容易精神错乱，是一种不正常的状态。后加"疒"以示"癫"是一种病。

"狂"，甲骨文像是一条狗向猎物狂奔而去的样子。狗发现目标，会不顾一切地扑过去。《说文解字》："狂，狾犬也。"狂的本义是疯狗，引申义有不理智、狂乱、猛烈、发疯。

癫狂：（1）"癫"是指精神错乱，与常人有明显的精神上和思想上的不同。"狂"是指言语或行为嚣张，但精神正常，多指性格问题，"癫"要比"狂"严重。（2）《难经·二十难》："重阳者狂，重阴者癫。"明代中医王肯堂提出了癫与狂的不同："癫者，或狂或愚，或歌或笑，或悲或泣，如醉如痴，言语有头无尾，秽洁不知，积年累月不愈……狂者，病之发时，猖狂刚暴，如伤寒阳明大实发狂，骂詈不辟亲疏，其则登高而歌，弃衣而走，逾垣上屋，非力所能，或与人语所未尝见之事。"（3）"癫狂"，精神错乱、行为不理智。《素问·至真要大论》："诸躁狂越，皆属于火"。《增广贤文》："天欲令其灭亡，必先让其疯狂"。如果一个正常人"癫狂"了，那么他离灭亡就不远了。

贪婪：爱财曰贪 爱食曰婪

臽　棼

　　"贪"，甲骨文由"今"（张开口的嘴）和"贝"（钱财）组成，像一张嘴欲将钱吞下去的样子，表示贪婪至极。《说文解字》："贪，物欲也。"贪，对物质的过度追求；引申义有贪财、贪杯、贪污。

　　"婪"，甲骨文由"林"（树林，此处表示众多）和"女"组成，或表示希望女子向树木一样多。《说文解字》："婪，贪也。"婪，贪婪。

　　贪婪:（1）王逸："爱财曰贪，爱食曰婪。""贪""婪"的对象不一样，贪的是财，婪的是色。"色"亦是食。因此，贪婪，非财即食。（2）《庄子·杂篇》："贪财而取危，贪权而取竭。"贪财的人，自取危险；贪权的人，自耗心力。贪得之心不可有，否则就会"贪得无厌""贪婪成性"。（3）贪婪，是一种病态心理，与正常的欲望相比，贪婪没有满足的时候，反而是越满足，胃口就越大。"人心不足蛇吞象。"贪婪的人，是人民的敌人。"贪者，民之贼也。"贪官，是人民的盗贼，终将被人民唾弃。因此，贪婪之心不可有，敬畏之心不可无。

盗贼：偷物曰盗 抢物曰贼

盗　贼

　　"盗"，甲骨文像一个人看到别人的器皿，嘴里流出口涎的样子，会意为心想得到非己之物，本义是盗窃、偷东西。《说文解字》："盗，私利物也。"盗，将他人的东西占为己有；引申义有盗窃、盗用、海盗。

　　"贼"（賊），金文由"则"和"戈"组成，会意为手持兵器去抢劫钱财，本义是残害，伤害。《说文解字》："贼，败也。"贼，毁坏财物；引申义有伤害、邪恶的人。

　　盗贼：（1）先秦两汉中的"盗"，就是现代汉语中所说的"贼"（偷东西的人）。先秦两汉中的"贼"，就是现代汉语的"盗"（抢劫财物的人）。盗贼，后来才泛指偷窃者。在先秦两汉时期，"贼"也指作乱叛国、危害人民的人。（2）《道德经》："法令滋彰，盗贼多有。"法律命令越是显著周密，盗贼就越多。因为法令越多，证明盗贼越多。法令滋彰，不如约法三章。（3）怎样才能让盗贼销声匿迹？《道德经》给出的回答是"绝巧弃利，盗贼无有"，抛弃巧诈和货利，盗贼就没有了。什么样的人是我们最需要防的呢？只说好话的人。《增广贤文》："道吾好者是吾贼，道吾恶者是吾师。"

偷窃：苟且曰偷 盗出曰窃

偷　窃

"偷"（媮），篆文由"亻（人）"和"俞"组成。《说文解字》："俞，空中木为舟也。"俞，挖空中间的木头造船。偷，人乘着木船苟且过日子。《说文解字》："偷，苟且也。"偷，马虎草率，得过且过；引申义有偷窃、偷懒、偷听、偷生。

"窃"（竊），篆文由"穴"（洞穴）、"廿""米"（粮食）和"卨"组成。窃，将粮米和杂物从洞穴里面偷出来。《说文解字》："窃，盗自穴中出曰窃。"窃，从洞穴里盗取物品出来。因为偷窃是件见不得光的事，所以引申义有阴谋占有、偷窃、暗自。

偷窃：（1）"偷"字最早的意义是马虎、苟且，并不作为"偷窃"讲，两汉时也很少用，后来才普遍有"窃取"的意思。（2）现代汉语中的"偷""窃"虽然都有将别人的东西据为己有的意思，但说"偷"不雅，说"窃"比较雅。所以孔乙己说："窃书不能算偷……读书人的事，能算偷么？《庄子·山木》："君子不为盗，贤人不为窃。"君子不做偷盗之事，贤人不做窃取之事。（3）《庄子·胠箧》："彼窃钩者诛，窃国者为诸侯。"那些偷窃带钩的人，受惩罚被处死；那些盗窃国家的人，反而成为诸侯。封建社会时期，一切法律典籍、制度的存在，均有其局限性，必须同时施以道德，方可促进社会进步。

怠惰：傲慢曰怠 不敬曰惰

　　"怠"，金文由"尸""心"和"目"组成。篆文作上"台"下"心"，"台"为"殆"省，会意为怠慢。《说文解字》："殆，慢也。"殆，松懈、懒惰；引申义有轻慢、懒惰。

　　"惰"（憜），篆文由"女""又"（手）、"工"（工具）和"月"组成。惰，像一个人手里抓着工具，无心工作，盼望夜晚来临，好与女子同床共眠的样子。这种情绪对工作而言自然是怠慢不敬。《说文解字》："惰，不敬也。"惰，态度傲慢不恭敬；引申义有懒惰。

　　怠惰：（1）怠惰，亦作"怠堕""怠惰"，表示懒惰，不勤奋。语出《商君书·显令》："怠惰之民不游，费资之民不作。"（2）"怠"，是因丧失了希望。"惰"，是因动力不足。"怠惰"是人性的弱点，是弱点就容易被击破。因此，《孙子兵法·军争》上说："避其锐气，击其惰归。"（3）《大戴礼记》："敬胜怠者吉，怠胜敬者灭。"恭敬比怠慢多的人吉祥，怠慢比恭敬多的人灭亡。

愚蠢：猴顽曰愚 虫动曰蠢

愚　蠢

　　"愚"，金文由"禺"和"心"组成。《说文解字》："禺，母猴属，头似鬼。似猕猴而大，赤目长尾，亦曰沐猴。""禺"，一种叫沐猴的母猴，头像鬼头一样，和猕猴一般大小，红眼睛，长尾，是兽类中最顽愚的猴子。愚，心智像沐猴一样不开化。《说文解字》："愚，戆也。"愚，痴顽；引申义为傻。

　　"蠢"，篆文由"春"和"蚰"（虫子）组成，春回大地，滚滚春雷惊醒蛰伏了一冬的虫子，它们纷纷苏醒，蠢蠢欲动。《说文解字》："蠢，虫动也。"蠢，虫子纷纷蠕动；引申义有愚笨。

　　愚蠢：（1）"愚"，顽猴心智不开化；"蠢"，春虫到处乱动。（2）"愚"，多指缺乏心智，愚昧，愚蠢。"蠢"，多表现为无知，反应迟钝，蠢头蠢脑。（3）"愚蠢"，多指人固执己见、执迷不悟、心智低下、反应迟钝。《管子·霸言》："圣人畏微，而愚者畏明。"圣人担心和关注的多是极其细微的东西，因为细小的东西往往能够影响全局；而愚人则忽略很多细小的变化和细节，只看见显而易见的东西，往往忽略了事物更长远的发展。

笨拙：不灵曰笨 不巧曰拙

笨　拙

　　"笨"，篆文由"竹"（竹子）和"本"组成。笨，竹子的内层。《说文解字》："笨，竹里也。"《广雅·释草》："竹其表曰筤，其里曰笨，谓中之白质者也。其白如纸，可手揭者。"因此，笨的本义是"竹里"，即一层白如纸、可撕下来的"薄膜"。后来笨被假借用来表愚笨、粗陋之义。

　　"拙"，篆文由"扌"（手）和"出"组成。"出"，甲骨文像一只脚离开城邑的样子。拙，靠手出去。原本靠脚出去，现在靠手出去，以手代脚行走，自然不方便。《说文解字》："拙，不巧也。"《广雅·释诂》："拙，钝也。"拙，不灵活、迟钝；引申义有缺点。

　　笨拙：（1）"笨"最初的意思是竹里，因其洁白，后人常用来形容女子纯洁可爱，比如"笨得可爱""笨笨的"。后来不知何故，"笨"的意思逐渐转为"不聪明""不灵巧""傻"。（2）"笨""拙"都含有"不灵巧"的意思，"笨"，主要体现的是精神上的不灵巧；"拙"，则是指身体上、行动上的不灵活。"笨嘴拙腮"，用来比喻口才不行，不会说话。（3）笨，并不可怕。"笨鸟先飞"，一样可先行先知。"拙"，并不可怕。乌龟虽然走路"拙"（不灵活），但是它勤快虚心，趁兔子骄傲自满睡懒觉的时候，继续前行，从而跑赢了兔子，创造了"勤能补拙"的奇迹。

蒙昧：覆眼曰蒙 冥心曰昧

蒙 昏

"蒙"，金文由"艹""冃"（遮盖）、"又"（手）和"人"组成，会意手里抓着草，遮盖住头部和身体，让别人看不见。《方言》："蒙，覆也。"蒙，覆盖。因为眼睛看不见，心自然不透亮，故蒙的引申义有无知。

"昧"，金文由"未"和"日"（太阳）组成。昧，阳光被树叶遮住，故而心里不亮堂。《广雅·释诂》："昧，冥也。"冥，黑暗。因心里黑暗无光，必然愚昧，故引申义有愚昧、冒昧。

蒙昧：（1）"蒙"，因眼睛被遮而看不见，"一叶障目，不见泰山"，容易诱发"无知"。"昧"，因内心看不到光明，内心黑暗，导致"愚昧"。（2）"蒙昧"意味着危险。将眼罩摘去，便是"启蒙"，启蒙必须是自己主观上的意愿《周易·蒙卦》："匪我求蒙童，蒙童求我。"不是我求助于愚昧之人，而是愚昧之人有求于我。启蒙要靠自己主动获得。（3）格物、致知、诚意、正心：格物，即要求人们推究事物原理；致知，就是求真知，从推致事物之理中，探明本心；诚意，就是意念要诚实；正心，就是要除去邪心杂念，不为物欲所蔽，保持心灵的纯净。可知，格物是启蒙的关键所在。

言语：直言曰言 论难曰语

言　语

"言"，甲骨文字形下面是一个舌头，上面是"一"。"一"指事，指发出的声音。言，表示舌头发出的声音，引申为说话。《说文解字》："直言曰言，论难曰语。"自我谈论，叫"言"；与别人谈论，叫"语"。

"语"（語），金文由"言"（说话）和"吾"组成。语，表示众多的话。篆文加"口"成"语"，表示众多人在争论。大家以"吾"为中心，谁也说服不了谁。《说文解字》："语，论也。"语，辩论；引申义有话语、言辞。

言语：（1）"言"，别人在说；"语"，我在说。故有"你一言我一语"之说。（2）《论语·乡党》："食不语，寝不言。"吃饭的时候，"不语"，就是不争论，并非指不可以说话。准备睡觉了，"不言"，就是不可以说话。（3）"言语"，指说出来的话。"千言万语"，比喻说的话多。"言多必失"，所以人要慎言。《道德经》："知者不言，言者不知。"意思是知道万物变化无常的人，明白不能描述其本质，故而不言。言者不知，能描述出来道理的人，还是没有了解大道之变化无穷的本质。

舆论：公论曰舆 争议曰论

舆 论

"舆"（輿），甲骨文像四只手共同推动着"车"前行，会意多人合力推车。《说文解字》："舆，车舆也。"舆，推车时需要众人喊着号子齐心协力。因此舆的引申义有公众的言论，比如舆情。

"论"（論），金文由"侖"和"言"（说话）组成。论，争论评说是与非的话。《说文解字》："论，议也。"论，议论；引申义有评论、论点、论处。

舆论：（1）舆，表示合力；论，表示评说。舆论，表示众人合力评说。（2）论可以是个人之见，舆论则一定是大家的观点，只有一两个说，成不了"舆论"。既然是众人之见，所以既有正确的，也有错误的。"三人成虎"的故事告诉我们，即使是谣言，传的人多了，人们也会相信。"纵有千只手，难捂万人口"。（3）"好事不出门，坏事传千里。"舆论，虽然无形，却是一种力量，用顺了，就成民意；用反了，便是逆流。因此，舆论必须保证正确，更要及时进行引导，否则，容易被别有用心的人用来制造祸害。平息流言，应多"导"，切忌"压"和"禁"。"头可斩，舌不可禁"，那是因为"防民之口，甚于防川"。（《国语·周语》）

错误：金涂曰错 谬论曰误

錯　誤

"错"（錯），篆文由"金"（金属）和"昔"组成。《说文解字》："错，金涂也。"错，用金涂饰（又称为镀金），或指用金属镶嵌青铜器，使之形成花纹或某种特定形状。此种工艺需谨慎操作，稍有不慎就会造成纰漏，故错的引申义有错误、差错。

"误"（誤），篆文由"言"（说话）和"吴"组成。《说文解字》："误，谬也。"误，谬论；引申义有误解、误差、笔误、误信。

错误：（1）"错"主要是由主观因素造成的，"误"多是由客观因素造成的。（2）有人将"错"解为"昔日（过时）的金子"，明显有违造字的本义，因为"错"指"镀金这种工艺"，并不指"金子"。春秋时期，人们将金银镶入青铜器的凹槽中，使之成为图案，这种工艺叫作"金银错"或"错金银"。（3）避免"错误"的办法有很多，有一种就是多联系、常来往，"来而不往非礼也"；不说大话、不打诳语。当然，犯"错误"是成长的必经之路，很难避免，但是，同样的错误人不可以犯两次。

骄傲：自大曰骄 傲慢曰傲

骄 傲

"骄"（驕），金文由"马"（骏马）和"乔"组成。骄，高大的骏马。多高为高呢？六尺高。《说文解字》："骄，马高六尺为骄。"因为六尺高的骏马，不多见，故骄的引申义为骄傲。

"傲"，篆文由"亻"（人）和"敖"（出游）组成，会意人外出旅游是一件值得骄傲的事情。《说文解字》："傲，倨也。"傲，傲慢；引申义有得意。

骄傲：（1）"骄"的资本是马高，"人高马大"在古人看来是件值得骄傲的事情。"傲"的资本是出游，在古人看来，能出游的人要么有钱，要么有时间，是件可以摆谱、炫耀的事情。（2）南怀瑾《论语别裁》："没有真本事，看不起别人，是骄；有真本事而自视很高，是傲。"人不可有傲气，但不可无傲骨。傲要傲在骨子里，在外面对人不要骄，但内在要有气节。（3）现代汉语中的"骄傲"，指听不进别人的意见，听不进别人的意见，容易"满招损"，从而"骄兵必败"。人一旦"骄傲"，便看不到自己的不足，容易"骄傲自满"，从而"落后"。学习做人，切不可骄傲。谭嗣同说："学人一骄便不能为学，所以第一要去'骄'字。"

突然：猝然曰突 烧烤曰然

食 然

"突"，甲骨文由"穴"（洞穴）和"犬"（狗）组成。
"突"，一只狗从洞穴里不经意间冲出来，很是突然。《说文
解字》："突，犬从穴中暂出也。"突，狗从洞穴里面冷不防
地冲出来；引申义有出其不意、突然。

"然"，与"燃"本为一字，金文由"月"（肉）、"犬"
（狗）和"灬"（火）组成。然，用火烤狗肉，狗肉是美食，
吃狗肉是再好不过的事，当然说"然"（好）。《说文解字》：
"然，烧也。"然，用火烧；引申义有正确、同意。

突然：（1）突、然，均与"犬"有关。"突"，狗出其
不意地冲出来，被"犬"惊吓，心里"突突"直跳；"然"，
可指烤狗肉。（2）吃了人家的狗肉，自然说"然"。"然"
的引申义是"正确"。不"然"（这样）的话，你要是不以
为然，让人家下不了台，自然给你颜色看，姑且"然之"，
要不怎么说"吃人嘴软，拿人手短"呢。要想手嘴都硬，就
要抵制住狗肉的诱惑啊。（3）"突然"，表示事情发生得很急
促、猝不及防，比如"突然袭击"，让人难以招架。汉代焦
赣《易林·谦之中孚》："祸不成灾，突然自来。"祸没有成
灾，猝不及防而来。

灾祸：天火曰灾 人为曰祸

"灾"（災），甲骨文由"宀"（房屋）和"火"（大火）组成，像火烧房子的样子。《说文解字》："天火曰灾。"大自然中自然燃烧的火叫作灾，引申义有灾难、灾害、灾荒。

"祸"，甲骨文由"示"（祭祀）和"呙"组成。《说文解字》："呙，口戾不正也。"呙，满口戾气，说话不正确。祸，祭祀时，满口狂言，容易引起神灵不满。《说文解字》："祸，害也。神不福也。"祸，祸害，神灵不降福于人；引申义有灾祸、罪过、加害。

灾害：（1）古代"灾""祸"有别，"灾"是自然灾害，如水灾、火灾、地震，非人力可为，故称为"天灾"；"祸"，人为的灾害，如战祸，故称为"人祸"。因此有"天灾人祸"之说。（2）"灾"的起因是获罪于天，来不由我；"祸"的起因是不敬神灵，来之因我。因此，古人认为"远灾离祸"的根本在于敬畏修礼，虔诚敬神，以礼待人。（3）傅玄《傅子》："病从口入，祸从口出。""祸"的产生是因说话不敬。祈福远祸，这是人的必然追求。对于福祸之间的关系，古人有辩证认识："祸兮福所倚，福兮祸所伏。"今天的好事，也许是明天的祸根。眼前吃苦受罪，或许是在为以后享福打基础。

影像：形影曰影 相貌曰像

景 像

"影"，与"景"本为一字。篆文"景"的"日"代表太阳，"京"代表高大的亭台，景指太阳照在高大亭台上的"景象"或"影子"。隶书加"彡"表示光彩，指太阳的光彩照在高大亭台上留下的"影子"。《广韵》："影，形影。"影，物体的影子；引申义有影响。

"像"，篆文由"亻"（人）和"象"组成。"象"指大象，因大象形体庞大优美，鼻子曲长，富于视觉震撼力，古人遂以"象"借指万物之形。故"像"，又可指人的相貌。《说文解字》："像，象也。"像，形态相貌；引申义有图像、相似。

影像：（1）古人认为，"影"是人和物因光照射而产生的。"像"，是人的相貌。（2）现代科学认为，"影"是物体阻挡部分光线的结果。"形"是"影"存在的前提，离开"形"，便没有"影"，故有"形影不离"之说。"像"，是人或物通过光线传播的结果，因此有"虚像""幻象"之说。（3）影，是真实却又虚幻的存在；像，是对真实存在产生的直观反映。"影像"，好像是真，而又非真；是虚，而又非虚；如梦似幻，又真实不虚。《金刚经》："一切有为法，如梦幻泡影，如露亦如电，应作如是观。"一切有为法如梦、幻、泡、影、露、电一样短暂，转瞬即逝。

觉悟：醒悟曰觉 领会曰悟

觉 悟

"觉"（覺），篆文由"学"字头和"见"（看见）组成。觉，像一个人目不转睛、双手捧着"爻"，正在认真研读的样子。《说文解字》："觉，悟也。"觉，觉悟；引申义有感知、醒悟、睡醒。

"悟"，篆文由"忄"和"吾"组成。悟，看见自己的心。《说文解字》："悟，觉也。"悟，理解、明白；引申义有领悟。

觉悟：（1）"觉"，和眼睛有关，靠眼睛，有发现、知觉的意思。《说文解字》："觉，一曰发也。"觉，一种说法是作"发现"讲。"觉"，多指对客观存在的感觉。悟，从心，靠心领会、觉察。"悟"，是对客观存在的认知。因此，"悟"比"觉"表达的程度深。（2）"觉悟"，就是对事物的产生、发展的规律的认识和理解。从"觉悟"的解析可知，觉悟必须由眼入心，眼见八方，心悟上下，方可领悟真谛。（3）"师父领进门，修行靠个人。""觉悟"讲究学习他人（渐悟）与内省自己（顿悟）相结合。"迷时师渡，悟了自渡。"一旦觉悟了，一通百通，道理了然于胸，办事也能水到渠成。

智慧：能变曰智 无惑曰慧

砂　慧

　　"智"，与"知"是同源字，甲骨文由"示""矢"（箭）和"口"（说话）组成。《左传·成公十三年》："国之大事，在祀与戎"。因而，守土保家需要用兵，用兵需要用智。《说文解字》："识，词也。"智，聪明；引申义有经验、聪明、策略、机灵。

　　"慧"，篆文由"彗"和"心"组成。彗，手持扫帚打扫。慧，会意为打扫心灵，让心清净无染，智慧洞开。《说文解字》："慧，儇也。"慧，聪明；引申义有彻悟。

　　智慧：（1）"智"，古时多用来指精于用兵打仗，比如智谋、智术；"慧"，多指洞悉事情真相，比如慧眼、慧心。智者用兵，慧者攻心。所谓智慧，古人认为乃是"用兵"和"攻心"二者的结合。（2）智慧，佛教称为"般若"，指一种超越世俗认识，达到把握真理的能力。佛教认为人人皆是佛，人人皆有佛性。佛性，不生不灭，不垢不净，不增不减。凡夫俗子的佛性蒙尘，因而不见佛性。由"慧"字可知，古人亦知心会染尘，需经常打扫，使之清净无染，从而开启智慧之门。（3）《管子·内业》："一事能变谓之智。"一概听任于事而能掌握事的变化的，叫作"智"。《五灯会元》："心境俱空，照览无惑名慧。"自我意识和外界万物都看空了，对万事万物没有疑惑，叫作"慧"。

聪明：耳察曰聪 目照曰明

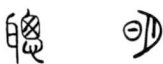

聦　明

"聪"，篆文由"耳"和"悤"组成，"耳"表示听闻声音，"悤"，取疏通之意。聪，将耳朵所听见的东西，入脑入心地思考。《说文解字》："聪，察也。"聪，听力好；引申义有敏捷、聪明。

"明"，甲骨文由"日"（太阳）和"月"组成。古人认为白天由"日"发光，晚上由"月"发光，日月合明。《说文解字》："明，照也。"明，照耀；引申义有明亮、觉悟、公开。

聪明：（1）"聪"，耳朵好，耳听八方，才能明形势，知人事，悟道理。《尚书·洪范》："听曰聪。"《庄子·外物》："耳彻为聪。""明"，视力好，眼观四路，才能"仰观宇宙之大，俯察品类之盛"，从而晓大义，悉未来。因此，有"耳聪目明"之说。（2）古人认为，听觉灵敏，可致"聪"；视觉敏锐，可获"明"。知人为"聪"，知己为"明"。（3）"聪明"是人人都想要的。然而，聪明过了头，结果就是"聪明反被聪明误"。"机关算尽太聪明，反误了卿卿性命。"吕不韦如此，王熙凤也是如此。苏东坡反其道而行之，在其《洗儿》一诗中说："人皆养子望聪明，我被聪明误一生。惟愿孩儿愚且鲁，无灾无难到公卿。"郑板桥亦大行"难得糊涂"之道。可见，聪明不可过了头，恰到好处，该糊涂时，切忌聪明。睁一只眼，闭一只眼，眼净；左耳朵进，右耳朵出，心静。

包涵：孕子曰包 水多曰涵

"包"，篆文由"勹"和"巳"组成，"勹"为人的变体象形，本像人屈身而有所藏，这里用以表示妇人因怀孕而屈身的样子。"巳"像幼子尚未成形之状。《说文解字》："包，象人裹妊，巳在中，象子未成形也。"包，像妇女怀孕，胎儿在肚子里，尚未成形。包的本义为胞衣；引申义有容纳、承担。

"涵"，甲骨文由"氵"（水）和"函"组成。"函"，装有箭的容器。涵，表示用容器来装水，其本义为蓄水。《说文解字》："涵，水泽多也。"涵，水资源丰富；引申义有包涵、涵养、涵义。

包涵：（1）包之以子。"包"，正如怀孕一样，爱子之心，是最大的包容心。尽管孩子有这样那样的错，父母都会给予包容。（2）涵之以水。上善之水，是润泽万物的源头。水利万物而不争，故可以涵养天下万物。（3）包涵，指请人原谅的客套话，由于情有可原而请求宽恕某种过失、疏忽、失职或失败。语出《北史·隐逸传·徐则》："夫道得众妙，法体自然，包涵二仪，混成万物。"但此处"包涵"是包容含有的意思。

空旷：虚无曰空 无边曰旷

空　旷

　　"空"，金文由"穴"（洞穴）和"工"组成。"工"，一种画方画圆的工具。《说文解字》："空，窍也。"空，孔穴，经加工后可以居住的洞穴；引申义有空间、虚无。

　　"旷"（曠），篆文由"日"（阳光）和"廣"组成。《说文解字》："广，殿之大屋也。"广，是宫殿里面的大房子。旷，日光射进宫殿的大房子里，光明亮堂。《说文解字》："旷，明也。"旷，开阔明亮；引申义有空缺、空白。

　　空旷：（1）古代"空""旷"均与房子有关。"空"，洞穴；"旷"，有阳光射进的大房子。"司空"是中国古代的官职名，西周开始设置，是周代掌管当时代表最先进科学技术的工部的官员。位次三公，与六卿相当，与司马、司寇、司士、司徒并称五官，掌水利、营建之事。（2）"空"，指一定范围内没有可见之物。王维《鸟鸣涧》："夜静春山空。""旷"，指视野一望无际，开阔明亮。范仲淹《岳阳楼记》："登斯楼也，则有心旷神怡……"（3）"空"，并不是"无"，"空不碍有"，空里面藏有我们看不见的东西，比如氧气，故"真空不空"。王维："空山不见人，但闻人语响。"空旷的山里，虽然看不到人，却可以听到人说话的声音。

安宁：身静曰安 心净曰宁

“安”，甲骨文由“宀”（房屋）和“女”（女子）组成。安，女子住在房子里。古人认为，家里有女人，日子才能安定，心才会安稳下来。反之，家里没有女人，后方不稳定，心里空空，自然不能安居乐业。《尔雅·释诂》：“安，定也。”安，安稳、安全、安定；引申义有稳定、沉静。

“宁”（寧），甲骨文由“丁”“皿”和小点组成，金文增加“心”旁以表达心理活动。宁的本义是安宁、安定。《说文解字》：“宁，愿词也。”宁，表祷告，祝愿时说的话；引申义有安乐、安静、甘愿。

安宁：（1）古人认为，“安”，因家里有女人，后方稳定。“宁”，因为心里安宁。（2）“安”是“宁”的基础，因为后方不“安”，心神无法“宁”。“宁”是“安”的追求，因为“安”的是身，“宁”的是心。故“身静曰安，心净曰宁”，身安心宁，便是“安宁”。（3）故乡是生我养我的地方，是安身之处，也是安心之所，一旦远离故土，就产生了许多“乡愁”。然而，人却总是需要在江湖奔波，回乡之路却又是那么遥远。苏东坡的一句“此心安处是吾乡”，让许多游子的故乡情结得以释怀：能够让心安宁的地方，就是故乡。不拘泥于形，还释放了心。有一颗安宁之心，幸福就会来敲门。

幸福：免凶曰幸 保佑曰福

幸　福

　　"幸"，篆文由"屰"和"夭"组成，表示发生意外，免除夭死而侥幸活命。《说文解字》："幸，吉而免凶也。"幸的本义，指避开凶而获吉；引申义有幸运、宠幸、希望。

　　"福"，甲骨文像一双手恭敬地托着酒坛，正在举行祭祀仪式的样子。金文由"礻"（祭祀）和"畐"（装满东西的长颈陶瓷器皿）组成。福，指用装满长颈陶瓷器皿的东西祭祀神灵，祈求降福。《说文解字》："福，祐也。"福，神灵保佑，引申义有幸运、福分、福气。

　　幸福：（1）"幸"指侥幸逃脱灾难，故有"幸运"之说；"福"指神灵保佑，故有"祈福"一说。（2）现在有人将"福"解读为"有衣穿一人一口田就是福"，明显是望文生义。"一口田"组成的"畐"，指的是长颈陶瓷器皿。《礼记·祭统》："福者，备也。备者，百顺之名也。"简言之，福，家有储备，有备无患，百事顺意。（3）人要知足，否则就会"身在福中不知福"。"幸福是奋斗出来的"，衣来伸手，饭来张口，坐享其成，难有幸福，纵然有，也不长久。

吉祥：平安曰吉 益生曰祥

吉　祥

"吉"，甲骨文由"士"和"口"（仓库）组成。"士"，像一把大斧头的样子，是古代的一种兵器；吉，将兵器放入装有武器的仓库里，远离战斗，没有了危险，便是吉祥。《说文解字》："吉，善也。"吉，善良美好；引申义有美好、吉利、安全。

"祥"，金文由"礻"（祭祀）和"羊"组成。祥，用羊羔祭祀祖先、神灵，以祈求吉祥、幸福、平安。《说文解字》："祥，福也。"祥，福泰；引申义有吉利、平安。

吉祥：（1）"吉"，兵器入库，远离战斗，自然是大吉。《逸周书·武顺》："礼义顺祥曰吉。"懂礼、讲义、顺利、祥和，称之为"吉"。（2）古人认为羊是温顺和善的象征，是降"祥"的使者，故"羊"又代表着"祥"。"祥"多指来自祖先、神灵的福佑，"祥"降临时必须心怀诚敬，才能"吉祥如意"。《道德经》："益生曰祥。"爱惜自己的生命才是真正的吉祥。（3）"吉祥"，吉利、顺利、祥和。每个人对"吉祥"的理解不一样，要求不一样，众口难调，故吉祥的最高境界在于"如意"，称之为"吉祥如意"。宋朝邓忠臣说"人生可意乃吉祥"，可意，就是称心如意。

（陆）

修身齐家

脸面：颊上曰脸 面部曰面

　　"脸"，篆文由"月"（肉）和"佥"组成。本义指两颊的上部。脸，最初指面颊，特指妇女目下颊上可以施粉的部位，后指全脸。

　　"面"，甲骨文像一只眼睛的外面包有一线圈，表示眼睛周围的部分区域，代表脸庞，像人面的形状。《说文解字》："面，颜前也。"面，颜前的部分，指脸。

　　脸面：（1）古人最初用"面"来表示人的整个面部。"脸"字在魏晋时期才出现，最初只表示两颊的上部；到了唐宋时期，"脸"才开始用于表示整个面部。（2）"人活一张脸，树活一张皮。"脸面，就是面子。林语堂认为："面子"是统治中国人的三位"女神"中最有力量的一个，中国人正是为脸面而活着，因为"脸面"在许多人眼里代表着尊严。于是便有了"死要面子活受罪""打肿脸充胖子"的说法。（3）脸，多用于口语中；面，多用于书面语中。因此，骂人常用"不要脸"，而不用"不要面"。如果一个人连脸都不要了，那就意味着他豁出去了，这样就危险了。如若是"撕下脸皮""撕下面具"，那事情就更不好办了。

牙齿：槽牙曰牙 门牙曰齿

"牙"，金文像上下两排牙齿相互咬合的样子。《说文解字》："牙，牡齿也。象上下相错之形。"牙，大牙齿，指口腔后部的槽牙。

"齿"，甲骨文像口腔中上下相对的门牙。《说文解字》："齿，口断骨也。"齿，牙。

牙齿：（1）"牙"的本义指口腔后部的槽牙，"齿"的本义指门牙。古人认为牙和齿是有不同意义的两个字，故而有牙医和齿医之分。现在二者通用，并以牙通称牙齿。（2）齿在前，用来撕咬食物；牙在后，用来咀嚼食物。所以有"咬牙切齿"之说。"唇亡齿寒"的"齿"，就是"门牙"，因为"齿"离嘴唇近，所以唇亡"齿"寒，而不是唇亡"牙"寒。（3）"肾主骨……齿为骨之余。"牙齿，是肾的外现。肾气足，牙齿坚硬、晶莹而密实，肾气虚的人，则牙齿松动。肾主运化能力，能体现出一个人的精气神，故口齿灵活，说话利落，反映出人的肾气足。伶牙俐齿，能说会道，表现出的是人的灵活乖巧，善于应变。

皮肤：兽皮曰皮 人皮曰肤

"皮"，金文像一只手正在剥取兽皮，"𠬝"像兽头及躯干，"冖"像剥取的皮，"又"为"手"。《说文解字》："皮，剥取兽革者谓之皮。"剥取兽类身上的革，叫作"皮"。皮的引申义有人皮、保护。

"肤"（膚），金文由"膚"和"月"（肌肉）组成。《说文解字》："肤，皮也。"肤，表示人的皮肤；引申义有肤浅。

皮肤：（1）皮，兽皮。肤，人的皮肤。《正字通·肉部》："禽兽之肉亦曰肤。"禽兽的肉，也叫作"肤"。（2）皮，是人或兽的表皮，直接与外界接触。皮是毛发生长的地方，故有"皮之不存，毛将焉附"之说，借以表明皮毛的依附关系。肤，表皮下的脂肪，富有厚度，具有弹性。《易经·夬卦·爻辞》："臀无肤，其行次且。""肤"指脂肪。屁股上没有脂肪，走路都不好看。（3）中医认为，肺主皮毛，肺与大肠相为表里，所以皮毛出了问题，应该从养肺开始。肤隶属于三焦和心包，与血液有关系。

肌肉：人肉曰肌 鸟兽曰肉

"肌"，篆文由"月"（肉）和"几"组成。《说文解字》：
"肌，肉也。"肌，肌肉、肌肤；引申义有皮肤。

"肉"，甲骨文像切下一块兽肉的样子，本义为动物的
肉。《说文解字》段注："截（zì），大脔（luán）也，谓鸟
兽之肉。"肉，切成小块的鸟类或兽类的肉；引申义有人
体、果肉。

肌肉：（1）《说文解字》："人曰肌，鸟兽曰肉。"先秦
时期，人肉叫"肌"；鸟类、兽类的肉叫"肉"。现代汉语
中"肌""肉"混用，均可指人或动物的肉。（2）"肌"，是
紧绷、刚硬、发力的"肉"；"肉"，是松弛、柔软的"肌"。
"秀肌肉"，即炫耀自己的肌肉，表明自己强大，有一种炫
耀和震慑的意思。（3）中医认为，"肌肉"是身体肌肉组织
和皮下脂肪组织的总称。《素问·痿论》："脾主身之肌肉。"
脾脏主导人身体的肌肉。这是因为脾主运化，肌肉所需要
的营养，均由脾运化谷物、水而来。因此，肌肉是否丰满，
与脾的盛衰密切相关。

骨骼：人骨曰骨 兽骨曰骼

囙　骼

　　"骨"，甲骨文像一块去掉肉的骨头的形状，可以用来占卜并记录占卜的结果，金文下面加一块肉，以取其"骨肉相连"之意。《说文解字》："骨，肉之覈也。"骨，肌肉所依附的坚硬组织；引申义有骨气。

　　"骼"，篆文由"骨"和"各"组成。"各"表示不同的个体。《说文解字》："骼，禽兽之骨曰骼。"骼，禽类、兽类的骨头。

　　骨骼：（1）"骨"，最早多用来指人的骨骼；"骼"，多指禽类、兽类的骨骼。现代汉语中的"骨骼"，是指人或动物体内或体表坚硬的组织。（2）《素问·宣明五气篇》："肾主骨。"肾的精气盛衰，直接影响骨骼的生长和功能。"肾充则髓实。"因此，考察"骨骼"的状况，可知"肾"的情况。"齿为骨之余"，牙齿是外现的骨，考察牙齿的状况，就可知肾的情况。（3）骨骼对人体起支撑作用，骨骼不刚，就支撑不起身体，故有"人无刚骨，安身不牢"之说。鉴于"骨骼"的重要性，人们将"骨骼"赋予了"骨气"的内涵，称"人不可有傲气，但不可无傲骨"。不能有"傲气"，是因为傲气会伤人；要有"傲骨"，是因没有"傲骨"就支撑不起身体，支撑不起精神的家园，就成了"软骨头"。意志薄弱、没有骨气、丧失气节，腰板挺不起来，腰杆也硬不起来。

忙闲：失心曰忙 空隙曰闲

忄亡　門

"忙"，篆文由"忄"和"亡"组成。"亡"，指逃跑或丢失。忙，表示心在逃亡；引申义有忙碌、迷惘、赶快。

"闲"（閒），金文像月亮照在门户之上，古代照明技术十分落后，夜晚照明很困难，因而晚上往往无所事事，闲居于家，自然十分空闲。《说文解字》："闲，隙也。"闲，空隙；引申义有自在、自由、时间从容、空闲。

忙闲：（1）"忙"，心在逃亡，因而有"万事尽在忙中错"之说。"闲"，闲居在家，"胜似闲庭信步"。（2）今人多将"忙"解读为"忙即心死"，将"亡"解为"死"，其实，在古代"亡"是逃跑的意思，不作"死"解。（3）忙里偷闲。忙，是一种奋发的状态；闲是一种悠闲的状态。忙不可长，忙的时间长了，就容易找不到自我。闲不可久，闲久就会心不知所安。应该忙闲适度，张弛有道。冯梦龙："忙者不会，会者不忙。"徐庶被曹操骗到曹营后，一言不发，发誓不为曹操献计谋。因为徐庶"身在曹营心在汉"，心逃亡了，空自忙。

荒芜：天灾曰荒 人祸曰芜

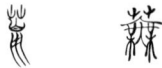

“荒”，金文由“艹”和“㐬”组成，会意人烟罕见，动物死亡，杂草丛生。《说文解字》：“荒，芜也。”荒，田地生草，无人耕种；引申义有灾难、野蛮、野地。

“芜”（蕪），篆文由“艹”和“無”组成。《说文解字》：“无，亡也。”芜，没有人耕种，土地被荒废，导致杂草丛生。本义为土地因不耕种而荒废，杂草丛生。《说文解字》：“芜，秽也。”芜，芜秽；引申义有繁杂。

荒芜：（1）“荒”“芜”均有杂草丛生的意思。“荒”，因灾难（战争、水灾、火灾等）而引起；芜，因不耕作或无人管理而起。（2）荒芜：杂草丛生的田地，引申为荒疏、废弛。《道德经》：“田甚芜，仓甚虚。”田地荒芜了，仓库就空虚了。“仓廪虚兮岁月乏”，仓库空虚了，日子就过得没有滋味了。“穷则思变”，贫穷，会引发很多社会问题，因此，种植粮食，是关乎国计民生的大事。（3）最可怕的是人的心灵的荒芜。因此，我们必须“善护念”，管理好自己的思想，用积极的、正面的想法占领大脑，否则，就会杂草丛生，内心一片荒芜。内心若荒芜了，最重要的事情就是除草。《东周列国志》：“勤力稼穑，勿致荒芜。”

稼穑：种之曰稼 敛之曰穑

稼 穑

"稼"，篆文由"禾"和"家"组成。"禾"，禾苗；"家"，家里的，不是野生的，是人工种植的。稼，人工种植禾苗，因此，"稼"必须劳动。《说文解字》："在野曰稼。"在野外劳作叫作稼。《仪礼·少牢礼》："宜稼于田。"田地适合种植庄稼。稼的引申义有庄稼。

"穑"，篆文由"禾"和"啬"组成。"啬"，甲骨文像装粮食的仓库。穑，收割庄稼，将谷子存在仓库里。《说文解字》："穑，谷可收曰穑。"收割谷子叫作穑。

稼穑：（1）《毛传》："种之曰稼，敛之曰穑。"种，种植。敛，收割。"稼"，春天种植庄稼；"穑"，秋天收割庄稼。"春种一粒粟，秋收万颗子。"想要收获，就必须劳作。春天不"稼"，便无秋天的"穑"。（2）"稼穑"，播种和收获，泛指农业劳动。农业社会，"稼穑"是社会和谐、天下太平的根本。《汉书·高后纪》："天下晏然，民务稼穑。"《诗经·魏风·伐檀》："不稼不穑，胡取禾三百廛兮？"人们对不劳而获者往往心怀不满。（3）后稷教会百姓稼穑。后稷，姬姓，名弃，母姜嫄，尧舜时期掌管农业之官，周朝始祖。被尧举为"农师"，封于邰，号曰"后稷"。后稷教民耕种，被认为是最早种稷和麦的人。

产生：生育曰产 草长曰生

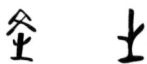

金 生

"产"（産），金文由"产"和"生"（出生）组成，"产"是"彦"的初文。《尔雅》："美士为彦"。"彦"，指有才学、有德行的人。《说文解字》："产，生也。"产，出生、生育；引申义有创造、财产。

"生"，甲骨文由"一"（代表地面）和"屮"（草叶）组成。生，会意一株植物从地下长出来。《说文解字》："生，进也。像草木生出土上。"生，草木从地里长出来；引申义有生育、产生、生存、生计、生活。

生产：（1）古代，"产""生"都有出生的意思。"产"，指动物或人生子；"生"，指草木植物初生。（2）生产，又可指动物、植物繁衍后代的行为。引申为"生计"，对于百姓而言，生计问题是大事，比如《史记·货殖列传》："吾治生产，犹伊尹、吕尚之谋，孙吴用兵，商鞅行法是也。"（我治理农业生产，就像伊尹、吕尚用谋略、孙子使用兵法，商鞅推行法律一样出色。）后来，"生产"衍生为人类所从事的创造社会财富的活动或行为，包括物质财富、精神财富的创造和人自身的生育。（3）世间万物由什么而生？老子的答案是"道"，"道生一，一生二，二生三，三生万物。"至于什么是"道"，老子没有给出明确答案。今人认为，"道"就是规律，因此人要循道而为。

作为：创造曰作 造作曰为

"作"，与"乍"本为一字，甲骨文"乍"像耕种所用的农具耒的样子。《说文解字》："乍，亡也。"篆文加"人"为"作"，会意为人站立起来。《说文解字》："作，起也。"作，起身。因为人起身后，从休息状态转为工作，所以引申义有劳作、产生、兴起、制作、创作。

"为"（爲），甲骨文像一只手（爪）抓着一只大象的形状。象力气大，人们驯化象，让它代替人来负重，这是一种创造性的工作。《尔雅·释言》："作、造，为也。"作，创造性地劳动。劳动可以产生价值，所以为的引申义有成就、贡献、担当。

作为：（1）"作"，制造。"为"，造作，创造性地工作。《诗经·小雅·巷伯》："寺人孟子，作为此诗。""作为"一词的出处源于此。（2）作，只有具备工匠精神方能"作"好；为，长期性，驯象非一日可成，必须长期训练。实现一番"作为"，必须有工匠精神的"作"和持久不断的"为"。（3）人立于天地之间，都想有一番作为。要想有作为，必须要立大志向。宋朝张载道出读书人的四个目标："为天地立心，为生民立命，为往圣继绝学，为万世开太平。"志向立大，切忌行为的"小"，"小不忍则乱大谋"；更要注意"毋以小谋败大作"，不要以小的谋略来败坏大的作为。大作为，必须要有大修养，否则，意志不坚，根基不稳，就经不起风吹雨打。

牧养：放牛曰牧 供养曰养

牧　养

"牧"，甲骨文像一个人手持鞭子、驱赶牛群的样子，本义为牧牛。《说文解字》："牧，养牛人也。"牧，养牛的人；引申义有放牧、统治。

"养"（養），篆文由"羊"和"食"组成，本义是放养牲畜。《说文解字》："养，供养也。"养，喂养；引申义有照看、呵护。

牧养：（1）"牧"和"养"都有养的意思。"牧"的对象是牛或羊。"牧童遥指杏花村"的牧童，是指放牛的小孩子。苏武曾被扣匈奴放牧十九年，但仍内心坚定不移，"牧羊北海边，心存汉社稷"。（2）"牧养"，执鞭放养牛羊，引申义有统治、治理。张居正《陈六事疏》："慎选良吏，牧养小民。"（3）生于天地间，人人都需要"自牧"——养育自己。《易传·谦卦》："谦谦君子，卑以自牧也。"非常谦虚的君子，以谦卑之道来进行自我修养。君子加强自我修养之时，还会"观乎天文，以察时变"。《资治通鉴》："牧心者，牧天下。"是说帝王要和臣民有融洽的关系，得到臣民的衷心拥戴，才能治理好天下。用心牧养，必有收获。

收获：追捕曰收 猎取曰获

弘 蒦

"收"，篆文由"丩"（用绳子捆扎）和"攴"（持械追打）组成，收，表示持械追打动物，并将之捆绑。《说文解字》："收，捕也。"收，逮捕；引申义有结束、收成、获得、授受、容纳。

"获"（獲），甲骨文像用手抓住一只鸟的样子，表示捕获鸟雀。篆文加"犬"旁，表示猎人放出猎狗围猎以捕得猎物。《说文解字》："获，猎所获也。"获，打猎有所收获；引申义有得到、取得。

收获：（1）古代，"收"的对象是兽类；"获"的对象是鸟类。（2）"收""获"都有得到的意思。"收"，是指收获的过程。李绅《悯农》："春种一粒粟，秋收万颗子。""获"，是收获的结果。《诗经·豳风·七月》："八月剥枣，十月获稻。"十月收获稻谷。（3）"一分耕耘，一分收获。"收获不会轻易得来，必须付出辛勤劳动。"莫问收获，但问耕耘。"耕耘不一定是为了自己收获，所以人要有"前人栽树，后人乘凉""为他人作嫁衣裳""功成不必在我"的精神。如是，在耕耘的路上，则会多几分轻松和快意。

断绝：两截曰断 断丝曰绝

"断"（斷），篆文像一把"斤"（斧头）将两串铜丝或绳从中分成两截的样子。《说文解字》："断，截也。"断，将物品分成两段；引申义有隔绝、停止、结论、一定。

"绝"（絕），甲骨文像将一串丝绳从中间分成数段的样子。金文像在丝绳上加一把"刀"，以示将丝绳从中一分为二。《说文解字》："绝，断丝也。"绝，将丝绳一分为二；引申义有中断、停止、消失。

断绝：（1）断、绝，均是将东西分成两段。"断"，是将物品分成两截，可以是丝绳。"绝"，将丝绳分成两段。（2）断绝，原指使原本连贯的不再连贯，使原来有联系的失去联系。现在多用来指断绝关系或断绝往来。《史记·乐毅列传》："君子交绝，不出恶声；忠臣去国，不洁其名。"有修养的人与别人断绝来往的时候，是不会说不好听的话的；忠贞之臣离开国家，也不会刻意澄清（自己无罪）以保持高洁之名。（3）一根筷子容易折断，两根筷子不太容易折断，三根、四根筷子放在一起，就更不容易折断了。团结就是力量，"兄弟同心，其利断金"（《易经·系辞上》）。对于一些问题，长痛不如短痛，宜快刀斩乱麻，否则，"当断不断，反受其乱"。

继续：续丝曰继 连贯曰续

继 續

　　"继"（繼），甲骨文像两股相连的丝线截断又连起来的样子。金文"继"是指将一分为二的丝绳连起来。篆文加"糸"，表示用丝线将一分为二的丝绳连起来。《说文解字》："继，续也。"继，续丝；引申义有继承、延续。

　　"续"（續），篆文由"糸"（丝线）和"卖"组成。"卖"，表示做生意、买卖。续，表示将断开的生意、买卖继续进行下去，使之连绵不断。《说文解字》："续，连也。"续，连贯；引申义有继承、手续。

　　继续：（1）"继""续"均有连续的意思。"继"，将断的丝绳连接起来；"续"，将失去联系的生意再建立联系。（2）"继续"，连续下去，不中断进程。前面开了头，后面连接下去，叫作"后继有人"。《荀子·儒效》："工匠之子，莫不继事。"工匠的儿子，没有不继承父亲的事业的。有了一个开头，后面进行不下去了，叫"难以为继"。文学作品，前人写得好，后人续写得差，相差悬殊，称为"狗尾续貂"。（3）"为往圣继绝学"，将先圣贤哲的思想继承下来，弘扬开来，是有志向的文化人的初心。

贫穷：财分曰贫 弓身曰穷

贫 窮

"贫"（貧），篆文由"分"（分散）和"贝"（钱财）组成。贫，将钱财分开。《说文解字》："贫，财分少也。"贫，财产因分割而减少；引申义有贫困、缺少、空乏。

"穷"（窮），金文由"穴"（洞穴）、"身"（身体）和"弓"（弯曲）组成。穷，像一个人站在洞穴里，弓着身子的样子。《说文解字》："穷，极也。"穷，穷尽、完结，指身体已到极限，无法伸展开来；引申义有贫穷、穷尽、穷究。

贫穷：（1）"贫""穷"都表示贫困的意思。"贫"，相对于"富"而言，指物质上不富有，比如"一贫如洗"。"穷"，相对于"贵"而言，指精神上的穷困，比如"穷极无聊""人穷志不穷"。（2）现代汉语中的"贫穷"，偏重于"贫"，指物质上的不富有。人生在世，贫穷是人们不想看到的。"无钱难做好儿郎。""有钱道真语，无钱语不真。不信但看筵中酒，杯杯先劝有钱人。"（3）人贫，志不穷。人可以贫困，但志向不可以丢。"贫穷"并不可怕，可怕的是习惯了"贫穷"，这就是"救急不救穷"的原因。因为人一旦习惯了被救，只会变成懒汉。处在贫穷中，要安贫乐道，"贫穷自在，富贵多忧。"摆脱贫困要合道，孔子说："贫与贱，是人之所恶也，不以其道得之，不去也。"

挣赚：凭力曰挣 凭钱曰赚

挧　賺

"挣"，由"扌"和"争"组成。"挣"，表示通过"扌"（双手）劳动，获得财物。引申义有挣脱、挣取。

"赚"，篆文由"兼"和"贝"（钱财）组成。"兼"，像手持二禾的形状，使之聚在一起。赚，表示以钱取钱，使之归于自己手中。《集韵·陷韵》："赚，市物失实。"赚，利用低买高卖来赚钱；引申义有赚得、赢利。

挣赚：（1）"挣""赚"的目的都是获得钱财。"挣"，靠劳动出力挣钱，挣的是汗水钱。"赚"，靠出钱做买卖赚钱，赚的是差价，"刻薄不赚钱，忠厚不折本"。（2）"赚"的一般比"挣"的要多，但是"赚"的风险也大。"挣"的钱虽然少，但是靠勤劳致富，一般不会有风险。（3）金钱并不是万恶之源，万恶的是人心。无论"挣""赚"，只要取之有道，均是"富贵"之道。因此，对于合道的挣钱，孔子持认同态度："富贵可求也，虽执鞭之士，吾亦为之。"如果富贵可以求得，虽然是当马车夫这样的下等差事，我也愿意去做。

购买：所求曰购 网利曰买

購 買

"购"（購），篆文由"冓"和"贝"（钱财）组成。购，指悬赏征求，重金收买。《说文解字》："购，以财有所求也。"购，用钱财来购买所需的东西；引申义有购买、收买。

"买"（買），甲骨文由"网"和"贝"（钱财）组成。会网罗钱财、获利之意。《说文解字》："买，市也。"买，交易。古代将贝壳作为货币，用来交换财物。因而，买的引申义有购买、买卖。

购买：（1）"购""买"虽然均有用钱财买的意思，但差距较大。"购"，有征求悬赏的意思。《史记·淮阴侯列传》："有能生得者，购千金。""购"，还表示重金收买。"买"，一般适用于物与物之间的等价交换。现代汉语中的"购买"被定义为"用钱来得到物品"。（2）《孟子·公孙丑下》："必求垄断而登之，以左右望而网市利。"孟子认为，"买"获利的最高境界就是达到市场的"垄断"，从而将利润最大化。（3）吕不韦问父亲："耕田的利润有多大？""十倍。"又问："卖珠玉又如何？""百倍。""如果是扶植一位君主，那么怎样？""无数倍。"后来，吕不韦扶持秦国质子异人上位，官至相邦，权倾天下，盛极一时。买卖的最高境界，就是培养人才，然后为我所用。

价值：物直曰价 贾宜曰值

贾　值

　　"价"（價），篆文由"亻"（人）和"贾"组成。价，人们讨论物品价值多少。《说文解字》："价，物直也。"价，物品所值的价格；引申义有价目。

　　"值"，篆文由"亻"（人）和"直"组成。"直"，甲骨文像一只眼睛正视前方，目不斜视的样子。《说文解字》："值，措也。"值，筹划办理；引申义有对等、相当、公正。

　　价值：（1）价、值，都有"亻"旁，表明要有人的行为在其中才有"价值"，价值是人的行为的结果。（2）价，强调的是交换、交易；值，强调的是交换、交易的公平性。古人认为，"价值"必定在交易中产生。价值的高低与物品的多少有关，《管子·国蓄》认为"物多则贱，寡则贵"。价格并非一成不变，常伴随物品的多少而有所变化。司马迁在《史记·货殖列传》中说："贵上极则反贱，贱下极则反贵。"价格贵到极点，生产的人就多了，就会开始便宜；价格便宜到极点，生产的人少了，价格就会开始上涨。《墨子·经说下》："贾也，宜不宜，在欲不欲。"墨子认为，物价没有高低之分，没有合不合理之说，关键在于你想不想要。想要，再贵也值；不想要，再低也不值得。（3）司马迁："人固有一死，或重于泰山，或轻于鸿毛。"重于泰山，价值大；轻于鸿毛，价值小。人生价值的大小，一靠自己努力奋斗，二靠社会认同。

钱币：田器曰钱 布帛曰币

錢　幣

"钱"（錢），篆文由"金"（金属）和"戋"组成。"戋"表示字音，兼有表义，有小的意思。《说文解字》："钱，铫也。古田器。"钱，古代的一种叫作"铫"的农业工具；引申义有钱币、费用。

"币"（幣），篆文由"敝"和"巾"组成。币，本义是古人用作礼物的丝织品。《说文解字》："币，帛也。"币，布帛；引申义有货币。

钱币：（1）"币""钱"最早都是指农业生产工具。布币，形状像铲和刀，是春秋战国时期流通的一种铜币。钱，最早是指一种农具。《世本·作篇》记载，"钱"是一种被称为"铫"的农具，相传是由黄帝时期一个叫"垂"的人发明的。（2）币，最早是敬神的法器和礼品。春秋时期，"布币"依其形状可分为平首布、空首布。《管子·国蓄》："以珠玉为上币，以黄金为中币，以刀布为下币。"（3）"钱币"，是富贵的标志。"钱币"虽好，但是来路不可不正。《晋书·王敦传》："币重言甘，古人所畏。"给你很多钱币，话又说得非常好听，这是古人所担心害怕的事情。因为谁也不愿意将自己的钱拱手送给别人，除非另有所图。林则徐："子孙若如我，留钱做什么，贤而多财，则损其志；子孙不如我，留钱做什么，愚而多财，益增其过。"

商贸：估量曰商 交易曰贸

商 贸

"商"，在甲骨文中多用作人名和地名，西周金文中多用为赏赐之"赏"。《说文解字》："商，从外知内也。"商，由外表来判断内在。商人最重要的是敏锐性，在交谈当中，可从外知内，由此及彼，快速捕捉商机，因此，商的引申义有交易、买卖、商谈、商榷、讨论。

"贸"（貿），金文由"卯"和"贝"（钱财）组成。"卯"，像相对而坐的两个人。贸，两个人相对而坐，正在讨论交易的价钱。《说文解字》："贸，易财也。"贸，以货币进行等价交换；引申义有轻率。

商贸：（1）"商"，着重指"商品"；贸，侧重于"贸易"。"商"，带有商量之意，不一定成交。"贸"，带有成交之意。"商贸"，最原始的意义指商品的交换，现在指一切和商业有关的活动。（2）"商贾"，古代对商人的称呼。郑玄："行曰商，处曰贾"，故有"行商坐贾"之说。行走贩卖物品的人，称为"商"；坐驻某地出售物品的人，称为"贾"。（3）工、农、兵、学、商。古时候商人的社会地位很低，一直处在社会最底端。秦规定商人不能穿丝绸衣服。汉禁止商人穿丝绸和乘坐马车，穿鞋必须一黑一白。唐规定商人不能入朝为官。明清时期，商人的地位才有所改善。司马迁《史记·货殖列传》首开为商人立传的先河。"天下熙熙，皆为利来；天下攘攘，皆为利往"，道出了商人和商贸的意义，利之所在，商之所求。

兼并：合并曰兼 联合曰并

兼　　　丛

"兼"，金文由"又"（手）和"禾"组成。两"禾"并列，代表许多庄稼。兼，一只手抓着两把禾，会正在收割庄稼之意。《说文解字》："兼，并也。"兼，合并；引申义有同时、一齐、加倍。

"并"（並），甲骨文像前后两个人并排在一起，紧紧并列，反映出步调一致，前后相随从之意。《说文解字》："并，相从也。"并，并排而立；引申义有联合、同时、并列。

兼并：（1）"兼""并"均表示聚在一起。"兼"，使物聚在一起；"并"，使人聚在一起，比如"并肩作战"。（2）"兼"，具有收获的意思，收割庄稼，就是收获；"并"，强调的是人与人之间步调一致，前后相随从。成语"兼收并蓄"，将不同内容、不同性质的东西收下来，保存起来。（3）"兼并"最早用作贬义，通常指土地侵夺或经济侵占。晁错《论贵粟疏》："此商人所以兼并农人，农人所以流亡者也。"现代汉语中的"兼并"多指两个企业之间根据契约关系进行合并，以实现生产要素的优化组合。

利益：收获曰利 富饶曰益

利 益

"利"，甲骨文由"禾"和"刂"（刀）组成，表示用刀收割庄稼。《说文解字》："利，铦也。"利，本指一种名叫"铦"的农业工具。收割庄稼就有收获，故利的引申义有实惠、好处、有益、锋利。

"益"，甲骨文由"水"和"皿"（装东西的器皿）组成。益，像水满后从器皿里溢出来。《说文解字》："益，饶也。"古时候人们认为水就是财，水多就是财多。因此益的本义是富饶有余；引申义有增加、好处。

利益：（1）"利"来自五谷，人靠五谷养育，自然是最大的"利"。《素问·脏气法时论》："毒药攻邪，五谷为养。""益"来自水，水是生命之源，有水才能"益"。（2）《易传·乾文言》："利者，义之和也。"利益，道义相和的结果。《易传·杂卦》："损益，盛衰之始也。"损人，衰落的开始；益人，兴盛的开始。因此，为人切莫损人利己。（3）利益是人们前进的原动力。清朝王夫之："私欲之中，天理所寓。"私欲的里面，天理寓于其中。"利益"是人人想获得的，但是必须取之有道。《论语·里仁》："君子喻于义，小人喻于利。"

发财：射箭曰发 所宝曰财

发　财

"发"（發），甲骨文由"弓"（弓箭）和"攴"（与手有关）组成，会以手拉弓射箭之意。金文改"攴"为"矢"。《说文解字》："发，射发也。"发，射箭。发的引申义有发财、兴旺、发达。

"财"（財），篆文由"贝"（钱财）和"才"组成。财，本义指财物。《说文解字》："财，人所宝也。"财，是人所喜爱的宝贝；引申义有财富、财货。

发财：（1）"发"，射杀猎物，靠勤劳兴旺；"财"，钱财宝贝。（2）发财，指拥有财富。要发财不仅要广开财源，更要学会积蓄。只有自己有了积蓄，才能集中力量办成大事。贾谊《论积贮疏》："苟粟多而财有余，何为而不成？"如果粮多钱多，什么事不能做成呢？古人又将一个人通过佩戴风水物品突然间得到大笔财富的行为，称为"发财"。（3）"钱财如粪土，仁义值千金。"因此，人除"取之有道"之外，还必须处理好钱财与仁义之间的关系。《礼记·大学》："仁者以财发身，不仁者以身发财。"仁义之人以施舍钱财，来成就自己的名声；不仁义之人以出卖名声来获取钱财。

宝贝：珍藏曰宝 贝壳曰贝

（甲骨文字形）

"宝"（寶），甲骨文由"宀"（房屋）、"贝"（钱财）和"朋"（两串贝）组成。金文加"缶"，借以表示贮藏珍宝的容器。宝，家里用容器珍藏的钱财和玉器。《说文解字》："宝，珍也。"宝，珍贵的东西；引申义有珍爱、珍藏。

"贝"（貝），甲骨文像贝壳的形状。《说文解字》："贝，海介虫也。"贝，海中甲壳软体动物。古人生活在中原大地，远离海洋，美观的贝壳十分难得，因而被当作货币使用。

宝贝：（1）"宝"，指家里面珍藏的珍贵物品，包括钱财和玉器；"贝"，指钱财。"宝"中有"贝"。（2）古代，与钱财有关的字，均以"贝"字作为偏旁。因为古人以贝壳为财富，以龟壳为珍宝。西周时期开始流行泉币，但没有废除"贝"。秦始皇废止了贝壳的通货功能，流行以钱币通货。（3）"宝贝"，珍贵的物品，人人皆喜爱，故引申义有疼爱和对疼爱者的昵称。人应以什么为宝贝呢？子罕以不贪为宝，故能辞而不受。《左传·襄公十五年》："我以不贪为宝，尔以玉为宝。若以与我，皆丧宝也。不若人有其宝。"翻译成现代文是："我以不贪财为宝贝，你以玉器为宝贝。如果你给了我你的宝贝，那么我们俩都失掉了自己的宝贝。不如我不收你的宝物，那么你我的宝贝也就各自都保住了。"

（柒）

学问得失

思想：心虑为思 冀思曰想

思 想

"思"，篆文由"囟"（脑门）和"心"组成。古人认为脑和心相通，都是思考的器官。《说文解字》："思，容也。"思，思考的器官；引申义有思念、观念、思考。

"想"，篆文"相"表示相貌，"心"表示思考。想，心里记挂着别人，别人的音容笑貌时刻放在心里。《说文解字》："想，冀思也。"想，因期待得到而思考；引申义有思考、希望、意念。

思想：（1）"思"与"想"均是心理活动的反映。"思"，是指自己的心思；"想"，是指思念他人。"思想"，既要照顾自己，也要考虑别人，"上半夜思虑自己，下半夜考虑别人"。（2）"思前想后"。前，指前因；后，指后果。"思前想后"指对事情发生的缘由，发展的后果，作再三考虑。（3）现代汉语中的"思想"一般也称"观念"，是人的意识经过思维活动而产生的结果，是人一切行为的基础。《素问·痿论》："思想无穷"，说的是人们想得太多，从而活得太累、太刻意。人从什么时候开始有思想？婴儿在母胎中时，当处于混沌状态。出生后第一声啼哭、吸气吃母乳，形成了后天之气，才开始有了自己独立的"思"和"想"。

疑惑：心迷曰疑 心乱曰惑

　　"疑"，甲骨文像一个人拄着拐杖，举目张望，却不知要到哪里去的样子。金文像一个人拄着拐杖，回首凝望的样子。《说文解字》："疑，惑也。"疑，迷惑不解；引申义有疑问、猜疑、疑虑、怀疑。

　　"惑"，金文由"或"和"心"组成，会意为左右摇摆、不确定。《说文解字》："惑，乱也。"惑，内心迷乱；引申义有惑乱。

　　疑惑：（1）"疑"，因对外界的无知，从而产生疑问；"惑"，因内心的不安，从而产生迷乱。（2）"疑"是"惑"的前奏，"惑"是"疑"的可能结果。（3）迷惑的消除，靠"解"。"解铃还须系铃人"，对症下药才行。"四十不惑"，就是说人到中年，知道自己今生能干什么、可以成就什么，心智明，从而"不惑"。疑问的解决，靠"释"。释疑，要带着疑问去学习、求知、请教，从而觉悟，"师以质疑，友以析疑"。解惑释疑，要从内心的安抚、欲望的减少开始，从而知人之智，察己之明。

学习：觉悟曰学 数飞曰习

㼊　習

"学"（學），甲骨文像双手抓着"爻"在房屋里研读的样子。金文加"子"，会意小孩子在认真学习。《说文解字》："学，觉悟也。"学，学习、觉悟；引申义有知识、经验。

"习"（習），甲骨文"羽"字表示一对翅膀，"白"像鸟巢。习，小鸟正在鸟巢上面扑腾翅膀，意指小鸟在试飞。《说文解字》："习，数飞也。"习，小鸟一次又一次地练习飞翔；引申义有实践、模仿、习惯等。

学习：（1）古人称理论知识的学习为"学"，"学"靠的是"觉悟思考"；称生活实践的体验为"习"，"习"靠的是"重复实践"。（2）"学习"，是自我觉悟与生活实践的统一。只有通过"习"的检验才知"学"是否正确。（3）学习的态度是"敏而好学，不耻下问"，"敏"在于悟，然后举一反三。"学问"，"不知则问，不能则学"。学的目的在于运用，"学以致用"。《论语·学而》："学而时习之，不亦说乎？"学了，然后按照一定的时间去实习它，不也是很高兴吗？

巩固：韦束曰巩 四塞曰固

鞏 固

"巩"（鞏），篆文由"巩"和"革"（皮革）组成。《说文解字》："巩，以韦束也。"巩，用牛皮捆绑物品；引申义有巩固。

"固"，金文由"囗"和"古"组成，"囗"表示四周闭塞不通。《说文解字》："固，四塞也。"固，四周闭塞不通；引申义为固守、坚固、固执。

巩固：（1）"巩"，用黄牛的皮来裹紧；"固"，四周闭塞不通。（2）古代人拿牛皮绳捆东西叫"巩"，扎得很紧叫"巩固"。传说古代有一种恶毒的杀人方法是拿牛皮绳浸上水勒脖子。牛皮有一个特点就是湿的时候是松的，干了就往里绷紧，能把人活活勒死。（3）万丈高楼平地起，巩固基础是成就事业的关键。魏徵《谏太宗十思疏》："求木之长者，必固其根本；欲流之远者，必浚其泉源。"想要树木长得高大，就必须巩固树木的根本；想要水流得远，就必须疏通水的泉源。如果不巩固基础，根基不牢，风雨飘摇，便可将之连根拔起。

教授：所效曰教 给予曰授

教　　血

"教"，甲骨文由"爻""子"（孩子）和"攵"（打）组成。教，会意手里拿着鞭子，教育小孩子学习经。《说文解字》："教，上所施下所效也。"教，上行下效；引申义有教化、启蒙、引导。

"授"，甲骨文"受"是"授"的本字。受，像一只手将船上的东西，递给另外一只手的样子。篆文再加"手"旁，作"授"字。授，由"扌"（手）和"受"组成。《说文解字》："授，予也。"授，给予；引申义有传授。

教授：（1）"教"，具有强制性，你不学我就打（攵）；"授"，具有自愿性，你愿教，我愿学。"教授"的结合，意味着学习是强制性和自愿性的统一。（2）《史记·仲尼弟子列传》："子夏居西河教授，为魏文侯师。"这是有关"教授"一词最早的记载。宋朝始设"教授"这一官职，当时，除宫学、宗学、律学、武学等置教授传授学业外，各州、县学也都设有教授。（3）韩愈："师者，所以传道授业解惑也。"韩愈认为"教授"，具有传授道理、教授学业、解答疑问三个重要职能。古人十分"尊师重教"，将"师"列入"天地君亲师"之列进行祭拜，有"一日为师，终身为父"之说。谁可以当老师呢？韩愈认为："无贵无贱，无长无少，道之所存，师之所存也。"不分贵贱，不分年纪，只要道存在的地方，就是老师存在的地方。因此，"三人行，必有我师焉"。

解释：解剖曰解 判别曰释

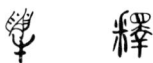

釆 释

"解"，甲骨文由"手""牛"和"角"组成，像一双手
将牛角从牛身上取出的样子。篆文去掉"手"旁，加"刀"
旁，强调解剖。《说文解字》："解，判也。"解，分解牛、
剖开；引申义有解剖、解开、消除。

"释"（釋），篆文由"釆"和"睪"组成。"釆"，取其
分别物也。"睪"，官吏携带眼目逮捕罪犯。释，官吏携带
眼目辨别，并逮捕罪犯。《说文解字》："释，解也。"释，
解开、解押；引申义有释放、解除。

解释：（1）"解"的对象是牛角；"释"的对象是罪犯。
（2）现代汉语中的"解"和"释"有相通之处，都有"解
开"或"松开"的意思。"冰解冻释"，冰冻如同融化一般，
比喻困难或障碍消除。"解疑释惑"，"解"，解释；"释"，
消除；解答疑难问题，消除困惑情绪。（3）解决问题，消
除疑问，必须讲究方法。"庖丁解牛"，庖丁的一把刀用了
十九年，宰杀了数千头牛，刀口仍像新磨出来的一样，之
所以能如此，在于他了解牛的结构，因而游刃有余。"杯酒
释兵权"，有些话不好说，有时放在酒桌上说就方便多了，
因此能轻松愉快地、轻而易举地解除将领的兵权。

恭敬：居处曰恭 执事曰敬

恭　敬

"恭"，是"龚"字的后起字。龚，甲骨文像双手捧着一条龙的样子，本义为虔诚、恭谨。《说文解字》："恭，肃也。"恭，态度严肃；引申义有虔诚。

"敬"，篆文由"苟"和"攵"（挥鞭子打）组成。"敬"字甲骨文像一个头带装饰物、跪坐的人的形状，表示恭敬之意，篆文加"攵"旁，表示在行动上督促，使人保持恭敬之心。《说文解字》："敬，肃也。"敬，内心严肃、恭敬。

恭敬：（1）"恭""敬"均表示态度虔诚严肃。"恭"，着重在外貌；"敬"，着重在内心。《论语·颜渊》："君子敬而无失，与人恭而有礼。""敬"，敬畏，是心里的敬畏，然后没有过失；"恭"，恭让，是行为上的以礼相待。（2）"恭"字，反映的是古人对"龙"的崇拜，体现的是中国人是龙的传人的理念。"敬"的意义比"恭"的意义广泛，往往指一种内心的修养，严肃对待自己。《论语·子路》："居处恭，执事敬。"《论语·季氏》："貌思恭……事思敬。"（3）对别人恭敬的标准是什么？注重礼貌、礼仪、礼节。《荀子·臣道》："恭敬，礼也。""凡百事之成也，必在敬之；其败也，必在慢之。"以恭敬之礼待别人，百事可成；以傲慢待别人，便是失败的开始。恭敬别人，等于恭敬自己。孔子给出了为人处世的标准："居处恭，执事敬，与人忠。"

昏暮：日冥曰昏 且冥曰暮

白 暮

"昏"，甲骨文像太阳在人下的样子，会意太阳落山。金文变"人"为"氏"，"氏"有落下的意思，日落就是"昏"。其本义为日落。《说文解字》："昏，日冥也。"昏，太阳西下；引申义有黄昏、昏迷、昏庸。

"暮"，甲骨文中"暮"与"莫"是一字。暮，像太阳下山，光辉隐入草木当中的样子，其本义为太阳下山，夜幕来临。《说文解字》："暮，日且冥也。"暮，太阳刚下山的时候；引申义有傍晚。

昏暮：（1）"昏"，指太阳西下，欲落未落的时候；"暮"，指太阳落山、霞光尚未消退的时候。昏、暮时太阳所落下的山，古人叫"崦嵫"，今天叫齐寿山。因而人们常用"崦嵫"喻指人的暮年。（2）"昏"，指太阳西下的整个过程；"暮"，太阳刚要下山的那一刻；月亮初升的黄昏为"夕"，天黑至天亮的时段为"夜"，安定入宿为"冥"。（3）人们常说的"夕阳无限好，只是近黄昏"暗含惋惜之情，而曹操的"烈士暮年，壮心不已"则体现了英雄气概。英雄虽然到了晚年，可壮志雄心并不衰减。

忍耐：能耐曰忍 刑罚曰耐

"忍"，金文由"刃"和"心"组成。忍，像一把开刃的刀在割心的样子，心如刀割一般难受，强迫自己忍受。《说文解字》："忍，能也。"忍，能耐；引申义有忍受、残忍。

"耐"（耏），篆文由"而"和"寸"（手）组成。"而"，指胡须，《说文解字》："而，颊毛也。"篆文"耐"，像用一只手去拔胡须的样子。"耐"原指一种刑罚。《说文解字》："耐，罪不至髡也。"耐，罪不至于剃光头的地步，是古代剃去颊须，以示惩处的一种轻刑。"刑有髡、钳、刖、劓，小罪耐。"

忍耐：（1）忍，心如刀割，却能忍受，这是一种能力，多指内心坚强和坚忍。（2）耐，是一种轻刑，剃去男人的胡须，笑话其像一个女子，这对于男人来说是一种耻辱。诸葛亮曾将一套女衣裙送给司马懿以羞辱他，面对奇耻大辱，司马懿却"临辱不惊，遇侮不怒"。（3）"大丈夫能忍天下之不能忍，故能为天下之不能为之事。"忍耐，是一种能力。"不忍不耐，小事成大。"忍耐，更是一种境界，是和谐的根本。据史书记载，唐代郓州人张公艺，九代同居，和和睦睦，相安无事。唐高宗好奇地问张公是怎么做到的，张公取出纸来，连写下了一百个"忍"字，唐高宗连连称赞，赐号"百忍堂"。

看见：远望曰看 目视曰见

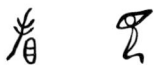

看 見

　　"看"，篆文由"手"和"目"（眼睛）组成。"看"字描绘的景象为：一个人将"手"放在"眼睛"上，眺望远方。《西游记》里，孙悟空经常将手放额上定睛一"看"。因此，看的本义为远望。《说文解字》："看，睎也。"看，远望；引申义有注视、欣赏、观察、判断、认为。

　　"见"（見），甲骨文由"目"（眼睛）和"人"（一个跪地的人）组成。见，突出人头上的眼睛，可以"见"一切东西，并不特指看"远方"。《说文解字》："见，视也。"见，眼睛所视；引申义有看法。

　　看见：（1）"看""见"都与眼睛有关。"看"指远望；"见"指一切视线内的东西。因此，"看"的适用范围比"见"的要小；"看"多指动作，"见"可指结果。（2）"看"内含认真审视的意思。"见"则为中性，不具有审视的意思。（3）韩非子："道在不可见。"道是看不见的，因此，要悟"道"。悟道的根本，以"看见"悟"不可见"。"看见"靠眼睛，因而千万不可"一叶遮目，不见泰山"。袁康《越绝书·越绝德序外传》："见微知著，睹始知终。"圣人可以因小见大，看到开始，明白结局。人最需要做的就是"见贤思齐焉，见不贤而内自省也"（《论语·里仁》），见到贤能的人，就要努力向他看齐，见到不贤能的人，就要以他为反面教材做到自我反省。

认识：知面曰认 知心曰识

新 戠

"认"（認），篆文由"言"和"忍"（忍耐）组成。知道但是忍住不说，便是"认"。可见，"认"是一种功夫。《玉篇·言部》："认，识认也。"认，识别认知；引申义有识别、辨别、认出。

"识"（識），"戠"是识的本字。金文"识"由"言"和"戈"组成，像在武器（戈）的威胁下，开口说话。《说文解字》："识，常也。一曰知也。"识，常识。另一种说法是作"知道"讲。

认识：（1）"认"，由"刃"压迫；"识"，由"戈"胁迫。可见古人认为"认""识"都是被动的行为，而非主动的行为，这也许与人具有的惰性有关。（2）"识"是"认"的结果和升华。"认"，是"识"的开始，认得未必识得。比如，我们认得"道"这个字，但是未必就识得"道"字背后的内涵。（3）俗话说："知人知面不知心。""知人""知面"处于"认"的层面，而"知心"便处于"识"的层面。因此可以说，认是表面的、物质的认识；识是内在的、精神的认识。

晋升：长进曰晋 日上曰升

晋　昴

"晋"（晉），甲骨文由两倒"矢"和"日"组成。"矢"，是两支箭，此处可代表众多的追随者。"日"，代表太阳，此处代表具有能量的人，比如君王、皇帝。晋，像两支箭射向太阳的样子，又可喻指众多追逐者一齐投奔君主，以获得晋升的机会。《说文解字》："晋，进也。日出万物进。"晋，长进。太阳一出，万物就有长进。晋的引申义有晋封、晋升。

"升"（昇），篆文由"日"和"升"组成。升，会意太阳从地平线上渐渐升起。《说文解字》："升，日上也。"升，太阳渐渐上升；引申义为升级、升格、向上发展。

晋升：（1）"晋""升"都与"日"有关，意味着"晋""升"都是奔向"阳光"，充满"希望"，只有追求阳光，才能被阳光浸染。（2）"晋""升"均是地位的提升。"晋"是"被动"的，因被君主和上级赏识而提升；"升"是"主动"的，太阳是靠自己升起的，个人通过自我奋斗而获得提升。因而，"晋升"既靠上级赏识，也靠自我奋斗。（3）"学而优则仕。"这是儒家入世济世的情怀，获得"名位"可以更好地兼济天下。然而，谋求晋升、发达的机会也应取之有道，正如白居易所说："名因文著，位以才升。"（名气靠文章获得，地位靠才华晋升）

迁谪：升降曰迁 降职曰谪

“迁”（遷），金文像四只手共同搬一个包裹的样子，会意远走他乡。《说文解字》：“迁，登也。”迁，向上登。取其调动的寓意，引申为升官、徙居、搬动、变动。

“谪”（讁），篆文由“言”（说话）和“啻”（责骂）组成，表示君王或上级批评责骂下属。《说文解字》：“谪，罚也。”谪的本义是惩罚，引申义为惩罚有罪的下属，古代官吏因罪而被降职并远调。

迁谪：（1）“谪”“迁”均可表示因有罪而被处置。“谪”，被降职并远调；“迁”，被贬职远调，或罢官放逐。因此，“迁”的程度比“谪”要严重。（2）“迁”，不仅可指平级调动或降职调动，还可指放逐，亦可指升官。升官叫作“右迁”，降职叫作“左迁”。“迁谪”，官吏因罪降职并流放。（3）“得一官不荣，失一官不辱，勿说一官无用，地方全靠一官；吃百姓之饭，穿百姓之衣，莫道百姓可欺，自己也是百姓。”这是清康熙年间知县高以永在内乡任职期间所撰写的对联。上联讲的是要正确对待当官，要淡化“官念”，不要把官位看得太重，当官者应该能上能下，荣辱不惊。

进退：登高曰进 却步曰退

　　"进"（進），甲骨文由"隹"（短尾鸟）和"止"（脚）组成。进，用脚去追逐鸟儿。鸟儿向上飞，因此"进"字含有"登高"之意。《说文解字》："进，登也。"进，登高；引申义有前行、进入。

　　"退"，甲骨文由"皀"和"夊"组成。"皀"，是古代一种装肉的容器；"夊"，指脚。退，像脚离开食器的样子，表示一个人酒足饭饱后，满意地离开。《说文解字》："退，却也。"退，后退、向后走；引申义有撤退、离开、下降。

　　进退：（1）登高曰进，行迟曰退。"进"，攀登前行。《礼记·表记》："君子三揖而进。""退"，小步而走。因为人吃饱了，不能走得太快，所以《说文解字》："退，一曰行迟也。"步子走得很慢。（2）"进""退"均与脚有关，事关人的前程。人要"知得失，明进退"，知道自己想要什么，才能明白自己该如何进退取舍。（3）有时"慢进也是退"，只有比对手跑得快，才能有脱颖而出的机会，赢得更多的生存空间。有时"退就是进"，退一步，海阔天空。人生的最高境界就是"进退自如"，享得了荣华，受得了孤苦。人生最痛苦的事就是"进退两难"，前进不是，后退也不是，如"鸡肋"一般，"弃之可惜，食之无味"。人生最惬意的就是"进退有度"，恰到好处，随意自在，"用之则行，舍之则藏"。

俸禄：薪水曰俸 粮食曰禄

"俸"，由"亻"（人）和"奉"组成，金文"奉"像双手捧着物品给他人的样子；后加"亻"，表敬献之意。俸，表示恭敬地捧着物品献给他人。《广雅·释诂》："俸，秩禄也。或作奉。"俸，古代官员的薪水。

"禄"，甲骨文"录"像辘轳从井中取水的样子，井水源源不断。金文加"示"寓意上天赐予的福分。禄，上天赐予的、源源不断如井水般的福分。《说文解字》："禄，福也。"禄，福气。

俸禄：（1）"俸""禄"是古代政府按规定给予官吏的报酬，主要形式有土地、实物、钱币等。"俸"指钱币，又称俸银或俸钱；"禄"指谷物，又称禄米，所以，史料常以俸银和禄米来计算官吏的俸禄。（2）"俸"等于现在的月薪，"禄"则是实物配给。禄位是永远的，所以"禄"比"俸"更为人们看重。（3）春秋以前的"禄"以田邑为主；战国至秦朝时期，俸禄以实物为主，粟米是官员的工资。两汉时期，官员俸禄开始走向正规，按月分发粟米。东汉时期，俸禄中钱币和实物各占一半。唐朝开元年间，实施"月俸"的货币工资制，此后，"俸"渐渐占据主导地位，"禄"慢慢退出了历史舞台。

实惠：男善曰实 女巧曰惠

實　惠

"实"（實），金文由"宀"（房子）和"贯"组成。"贯"，本指穿钱用的绳索，这里指钱币。古代一千个钱串成一串，叫一贯。实，指家里藏有一串串的钱币。《说文解字》："实，富也。"实，富裕；引申义有充满、真实、诚信。

"惠"，金文由"叀"和"心"组成。"叀"是纺纱的纺锤，代表织布；"心"指心地善良。惠，女子善于织布，心地善良，心灵手巧。《说文解字》："惠，仁也。"惠，仁爱；引申义有温柔、善意。

实惠：（1）实，表示物质上的富足；惠，表示心地的仁善。因此，"实惠"应是物质和精神的结合，既富足亦仁慈。施人以实惠，应该从物质上"授人以鱼"，精神上授人以"仁"。（2）"齐家"的关键，就是让家人过上富裕幸福的生活。管子认为知行礼节的前提是仓库里要富有，"仓廪实而知礼节"。让自己富裕，切忌"好实无厌"。《韩非子·内储说上》："夫慈者不忍，而惠者好与也。"仁慈的人有不忍之心，惠者喜欢给予他人帮助。（3）"实惠"，指讲究、注重实际的好处，出自元朝刘时中的《端正好·上高监司》一书："无实惠尽是虚桩，充饥画饼诚堪笑。"关于"实惠"，施给别人的，要做到"施人之恩，不发于言"；对于接受别人的，要做到"受人之惠，不忘于心"。

荣华：草花曰荣 树花曰华

"荣"（榮），金文像一株草本植物分成两枝，枝头上开着花儿的样子。《说文解字》："荣，桐木也。"荣，梧桐；引申义有繁茂、风光、气派。

"华"（華），甲骨文像一棵树上开满鲜花的样子。《说文解字》："华，荣也。"华，花；引申义有花朵、珍贵、华丽。

荣华：（1）《尔雅·释草》："木谓之华，草谓之荣。"在金文、甲骨文中，"荣"，最早是指梧桐，后指草本植物开花；"华"，多指木本植物开花。然而，在古籍中，却将它们调了个位，"荣"指木本植物开花；"华"指草本植物开花。这是因为文字在发展过程中发生了变化："荣"字，金文将三点组成的花变成"火"，将草叶变成"木"。"华"字，有的篆文在其上加有"艹"，树木的特征因此而消失。（2）"荣华"，指草木茂盛，繁花众多，因草茂花多，引申为富贵，如荣华富贵。（3）李白《古风》之三九："荣华东流水，万事皆波澜。"人世间的荣华富贵，就像那一江无情的东流水，而人间的诸事都像江水波澜起伏一般，一瞬间而过。

富贵：储备曰富 不贱曰贵

富 貴

"富"，甲骨文由"宀"（房屋）和"畐"（用于装酒的长颈瓶）组成。古代酒被称为"琼浆玉液"，足见其珍贵。家里有酒，便是富。《说文解字》："富，备也。"富，家有储备；引申义有富有、财富。

"贵"（貴），篆文像两只手抓着装有贝壳的匣子的样子。贝壳代表钱财，故古人认为"有贝为贵"。《说文解字》："贵，物不贱也。"贵，物品价格不低。贵的本义为物价高；引申义有昂贵、地位高。

富贵：（1）"富"，家中有酒，酒由粮食酿造而成。古代的粮食并不充裕，能够用粮食酿酒的人家，多半是富有的。富，就是福。《礼记·郊特牲》："富也者，福也。"（2）"物以稀为贵。"陶朱公范蠡根据市场供求关系判断价格的涨落，"论其有余不足，则知贵贱"。范蠡认为价格涨落有极限，贵到极点就会下落，贱到极限则会上涨，呈现出"一贵一贱，极而复反"的规律。（3）"富"，强调的是物质；"贵"强调的是精神。古人认为，家中有粮食、酒、土地、钱财的人，方可称为"富贵"。真正的"富贵"，必须以精神作为支撑，以物质作为条件，物质和精神不可分割。获得富贵必须合道，如若苟且获得的话，就不能真正享有它，孔子说："富与贵是人之所欲也，不以其道得之，不处也。"

尊卑：高贵曰尊 低贱曰卑

  "尊"，甲骨文像双手举着一个酒器的样子。《说文解字》："尊，酒器也。"尊的本义是盛酒器。用尊分酒的人非富即贵，地位或者辈分比较高，因而尊的引申义有尊敬、敬重。

  "卑"，是"椑"字的初文，金文像一只手抓着一个椭圆形的盛酒器，酒流到手上的样子，用手持酒器，表示身份低下供人差遣。《说文解字》："卑，贱也。"本义是一种酒器，引申义有地位卑微，地势低下。

  尊卑：（1）"尊""卑"都是酒器，古人使用酒器的不同，代表使用者身份的不同。（2）尊，是分酒器，不能直接拿尊饮酒，王公大臣和君王用尊盛酒，然后再分酒饮用。尊，又象征权贵。一尊佛像，不用"一座佛像"，因为"尊"具有尊敬之意。卑，可指一般平民用的酒器，直接倒在杯内喝酒。因为是平民，身份就没有那么"尊"了。（3）"天尊地卑，乾坤定矣。"天为尊贵，地为卑贱，乾代表天，坤代表地，天地次序明确了，乾坤也就定位了。当然，"地卑"并不是说"地"就下贱，这只是古人在描述天地自然的秩序，没有贬义。

成败：实现曰成 毁坏曰败

成 败

"成"，甲骨文由"戊"（兵器）和"丁"组成。"成"，有"刀枪入库"之意，意味着战事结束，大功告成。《说文解字》："成，就也。"成，完成；引申义有实现、成功。

"败"（敗），甲骨文由"贝"（钱财）和"攴"（持械敲打）组成。败，野蛮地持械将充当钱币的贝壳打碎，从而让钱财化为乌有。钱财破坏了，家也就"败"了。《说文解字》："败，毁也。"败，毁坏钱物；引申义有破坏、损失、失败。

成败：（1）古人认为"成"的原因是"罢兵"，"败"的原因是"动武"。可见"成"在和谐，"败"在蛮横。动武力的结果是"杀人一万，自损三千"。（2）败，因为贪婪，一旦心为财所迷，那么智慧之门就会关闭，这就是"财迷心窍"，其结果就是"不见人，徒见金"。成败，成在和平，败在贪婪。（3）"失败乃成功之母。"失败，并不可怕，胜败乃兵家常事。《资治通鉴》："成败之机，在于今日。"成败的机缘，在于抓住当下。

得失：所获曰得 放纵曰失

得 失

"得"，甲骨文由"彳"（行走）、"贝"（钱财）和"寸"（手）组成。得，在行走中捡到贝壳（钱币）。《说文解字》："得，行有所得也。"得，在行动中有所收获，引申义有得到、获取、能够。

"失"，此字最早见于睡虎地秦简，左边"丰"旁是手的变形，右下的一点（、）指事为物品。失，表示物品一不小心从手上滑落。《说文解字》："失，纵也。"失，物在手上却不见了；引申义为丢失、失去。

得失：（1）"得""失"均与手有关。"得"，手拾贝壳，握在手里。"失"，物从手上滑落。"得"的是钱币；"失"的是物品。（2）"得者，德也。"人最需要"得"的是"德"，一个好的品质，就是品牌。怎样才能得到好的品质呢？《荀子·劝学》："积善成德，而神明自得。"人最怕"失"的是"道"。失道的人，众叛亲离，"得道者多助，失道者寡助"（《孟子·公孙丑下》）。（3）司马迁："智者千虑，必有一失。愚者千虑，必有一得。"有得必有失，得之不荣，失之不辱。怎样明得失呢？把别人的成败得失作为自己的一面镜子，"以人为镜，可以明得失"（李世民）。

赌博：博簺曰赌 局戏曰博

赌 簺

"赌"（赌），篆文由"贝"（钱物）和"者"组成。赌，人们关于钱财而进行的博弈。《说文解字》："赌，博簺也。"赌，或为"博戏"，是一种博簺游戏，属于棋类游戏；引申义有比胜负、赌局。

"博"，其初文为"簙"，"簙"，篆文由"竹"和"博"组成。《说文解字》："簙，局戏也。""簙"的本义指一种游戏，由古代一个叫"乌曹"的人发明的，工具为六根箭、十二颗棋子，引申义为赢得、获得、取得。

赌博：（1）古代"赌""博"均为棋类游戏的一种，是人们的一种娱乐方式。（2）"赌博"，皆因一时头脑发热，利令智昏而起，因不确定因素多，因此风险极大。（3）"赌博"，多包含运气和娱乐的成分，因此有"小赌怡情，大赌伤身"之说。"小赌"的赌资是不伤皮毛，多它不多，少它不少，人的心情自然放松，从而能达到娱乐的目的。一旦赌资达到自己无法接受的程度，那么"赌徒"的心态就会占上风，这样不仅伤身体，还会伤害家庭。

沉没：没入曰沉 沉入曰没

　　"沉"（沈），甲骨文像将一头牛投入水中的样子，是商代一种祭祀用牲的方法。金文则像将绑着双手的犯人投入水中的样子，喻古代的沉水之刑。《广韵·下平声·侵·沈》："沉，没也。"沉，没入水中。引申义有沉淀、镇住、沉着。

　　"没"，篆文由"水"和"殳"组成，"殳"像水深有旋涡的样子。《说文解字》："没，沉也。"没，沉入；引申义有消失、没落、衰败。

　　沉没：（1）"沉"，指的是过程，正在下沉。《诗经·小雅·菁菁者莪》："泛泛杨舟，载沉载浮。""没"，指的是结果，已经下沉。白居易《钱塘湖春行》："浅草才能没马蹄。"（2）"沉没"，既可指下沉的过程，也可指下沉的结果。刘禹锡《酬乐天扬州初逢席上见赠》："沉舟侧畔千帆过。""沉舟"，下沉了的船。沉舟的旁边，正有千帆竞发。刘禹锡的这句诗蕴含了事物新陈代谢的哲理：新生事物无比美好，社会总是向前发展的。（3）《道德经》："日中则移，月盈即亏；物极必反，盛极而衰。"比喻事物盛极必衰，或发展到一定程度就会向相反方向转化。盛极走向没落衰败，是社会发展的必然规律，"旧时王谢堂前燕，飞入寻常百姓家"。因此，当处盛时做衰时谋，处富贵时做贫困想。

（捌）

文化艺术

光明：光芒曰光 月照曰明

"光"，甲骨文由"火"（火光）和"人"（蜷曲的人）组成。光，人头上顶着一团火。"蜷曲的人"表明古人对光的敬畏。《说文解字》："光，明也。从火在人上，光明意也。"光，明亮。火在人头之上，取光明的意义。光的引申义有光亮、明亮、光荣。

"明"（朙），甲骨文由"囧"（窗户）和"月"（月光）组成。明，月光通过窗户照进来。《说文解字》："明，照也。"明，清晰明亮；引申义有充足、明白、开悟、清楚。

光明：（1）"光""明"均表示光亮的意思。"光"，指人内在的光，可以是灵光、德性之光，用来照亮内心，比如："我心光明"。"明"，指外来的光，日月之光，可照亮眼睛。"床前明月光，疑是地上霜。"（2）"光明"，指内心通透和外在光明的统一。《荀子·天论》："在天者莫明于日月。"对人而言，最为"光明"的是德性之光，可与日月齐辉。《楚辞·涉江》："与日月兮齐光。"（3）光明，为内外兼修，合二为一，因"光明"自然"正大"，故"光明正大"。《佛说阿弥陀经》："光明善好，胜于日月之明。"光明善好之光，乃人的阿弥陀佛之光，善良之光，可以胜过一切日月的光辉。因为日光过热，月光过冷，而"光明善好"之光，不冷不热，温和如春。故修身就要释放出阿弥陀佛之光；展现出美丽之容。

美丽：甘甜曰美 漂亮曰丽

"美"，甲骨文像张开双手的"人"，头上戴着花枝或草叶，本义为漂亮、好看。篆文"美"字上面为"羊"，意味着人犹如羊般的温顺。可以看出，篆文"美"字，已经变成由重视外在美，转为重视心灵美。《说文解字》："美，甘也。"美，味美。引申义有形貌好看、漂亮。

"丽"（麗），甲骨文像"鹿"头上的一对鹿角，鹿角常常成对出现，因此此字本义为成群、结伴。《说文解字》："丽，旅行也。鹿之性，见食急则必旅行。"丽，结伴而行。鹿的特性，觅食时往往是成群结队。引申义有漂亮、好看。

美丽：（1）"美"，戴花环，多指女人阴柔之美。"丽"，雄鹿之角，借指男人强壮之美、阳刚之美。（2）美，又多指重视心灵的美。《说文解字》："美与善同意。"美的心，就是善良的心。丽，重视身体的美。对于雄鹿来说，鹿角是健康强壮的标志，可赢得雌鹿的青睐。美丽，成为心灵美和身体美的统一。（3）外在美不是一成不变的，可以胖为美，也可以瘦为美，但是心灵却总是以善良为美。汉代桓宽认为："至美素璞，物莫能饰也。"极致的美丽犹如一块朴素的玉石，没有物品可以装饰它。白居易《长恨歌》："天生丽质难自弃。"美丽不是自己可以抛弃得了的，无须粉饰，尽在举手投足之间。

花卉：花朵曰花 众草曰卉

"花"，是"华"的异体字，甲骨文像一棵树上开满花朵的样子，表现盛开的花朵或枝叶葱茂之状。《尔雅·释草》："花，华也。"花，花朵；引申义有开花、昏花、花心、花费。

"卉"，篆文由三棵"中"（草）组成，会百草之意。《说文解字》："卉，草之总名也。"卉，草的总称。引申义有草木、粗陋。

花卉：（1）"花"最初并非是指草的花，而是专指树木开的花。至篆文时，以"艹"代"木"。"卉"，是草的总称，并非单指某一种草。（2）"花卉"一词最早出现在南北朝时期。《梁书·何点传》："园中有卞忠贞冢，点植花卉于冢侧。"狭义的花卉，是指有观赏价值的草本植物，如凤仙、菊花、一串红、鸡冠花；广义的花卉，除指有观赏价值的草本植物外，还包括草本或木本的地被植物，花灌木、开花乔木和盆景等。（3）处在冬天，最早知道春天将要到来的是梅花。"雪里已知春信至，寒梅点缀琼枝腻。"（李清照）"红花还须绿叶扶"，象征富贵的牡丹也不例外，"牡丹花儿虽好，还要绿叶儿扶持。"（兰陵笑笑生）春天里，"百卉含英。"（《后汉书·冯衍传》）花开了，就会谢，花纵然成为落红，亦是有情物，"落红不是无情物，化作春泥更护花。"（龚自珍）

颜色：印堂曰颜 脸色曰色

颜页

"颜"（顔），金文由"面"和"页"组成。"面"，指脸；"页"，指头。《说文解字》："颜，眉目之间也。"颜，眉和目之间的部位，即额头；引申义有脸色、面容、彩色、前头。

"色"，金文由"人"和"卩"组成，"卩"是"节"的初文，其字形像符节相合的样子，会意人的内心所想表现在脸上。《说文解字》："色，颜气也。"色，脸色、气色；引申义有美女、容貌、感觉。

颜色：（1）古代"颜"并不是指色彩，而是指脸的某一部位。当下网络词汇"颜值"，表示人物颜容英俊或靓丽的数值，其中"颜"便是容貌。"色"，则是指脸色。"喜形于色"，就是将内心的喜悦表现在脸上。（2）颜，必须和气；色，应该愉悦，故而有成语叫作"和颜悦色"。（3）美貌固然重要，但精神美更为重要。王冕《墨梅》："不要人夸好颜色，只留清气满乾坤。"此处"颜色"，指容貌、相貌。孔子说："未见颜色而言，谓之瞽。"此处"颜色"，是指脸色。在说话之时，我们必须学会察言观色，否则，就会成为"睁眼瞎"。

碧绿：玉石曰碧 青黄曰绿

碧 绿

　　"碧"，篆文由"王"（玉）、"白"和"石"（石头）组成。"碧"，青白色、透明的玉石。《说文解字》："碧，石之青美者。"碧，青色的美丽玉石；引申义有青绿色、青白色。

　　"绿"（绿），甲骨文由"糸"和"录"组成。蓝颜料和黄颜料混合时会产生一种绿色，古时又称作青黄色。《说文解字》："绿，帛青黄色也。"绿，布帛呈青黄相混的颜色；引申义有颜色昏暗、乌黑色。

　　碧绿：（1）古代"碧"并不是指颜色，而是指玉石。《汉书·司马相如传》："锡碧金银，众色炫耀。""碧"，后来才用以指青绿色。"绿"，最早是指青黄色的布帛。（2）"绿"，用作动词，作"呈现绿色、使变绿"讲。王安石《泊船瓜洲》："春风又绿江南岸。""碧"，翠绿色，像翡翠一样的颜色。李白《黄鹤楼送孟浩然之广陵》："孤帆远影碧空尽。"（3）"碧绿"，通常是指清澈、通透、呈绿色；也指翡翠的绿色之一，拥有水晶般无杂质的清澈颜色；还指绿色的柳条，"千条碧绿轻拖水，金毛泣怕春江死"（张碧《游春引》）。

丹青：赤石曰丹 绿石曰青

丹　青

"丹"，甲骨文像一口矿井，井里"一"表示矿石朱砂。《说文解字》："丹，巴越之赤石也。"丹，本义为矿井里的红色矿物，是四川、吴越一带出产的朱砂。因朱砂为红色，所以丹的引申义为红色。

"青"，金文由"生"和"井"组成，会意从地下挖出的曾青如草一般的青葱。《说文解字》："青，东方色也。"青属于东方的颜色；引申义为青色、绿色。

丹青：（1）"丹""青"都是指从地下得到的矿石。"丹"，指朱砂；"青"，指曾青。（2）东、南、西、北四方的颜色分别为青、赤、白、黑。丹，代表南方的颜色，是活力的象征；青，代表东方的颜色，是生命力的象征。（3）在没有发明五颜六色的颜料之前，在铅粉、雄黄、赭石、石青、朱砂等为数不多的几种颜色中，"丹"和"青"是古人画画常用的颜色，因为"丹"和"青"是最暖和最冷的色彩，在画面上能够形成鲜明的对比。因此，古人又用"丹青"指图画、图像。"丹青"后来又成为中国画的代称。王安石："丹青难写是精神。"

黑白：黑暗曰黑 光明曰白

"黑"，甲骨文像一个人顶着一个头。金文在头上加两点，指事为人脸上有黑点。篆文由"炎"和"一张黑脸"组成，表示烧火的烟将脸熏黑。《说文解字》："黑，火所熏之色也。"黑，火烟所熏出来的颜色。黑的引申义有黑暗。

"白"，是"伯"字的初文。甲骨文像大拇指的样子，其外形像大拇指的边缘，内像指纹。用作"白色"之白，是假借义。《说文解字》："白，西方色也。"白，属于西方的颜色；引申义有明白、透明、空白、白费。

黑白：（1）古人认为东、南、西、北四方的颜色分别为青、赤、白、黑，所主之神分别为青帝、赤帝、白帝、黑帝。《易传·说卦》："坤为黑。"（2）"黑"代表黑暗、凶恶。"白"代表光明、善良。黑白是对立的两面，因此有"黑白分明""黑白两道"之说。《墨子·天志》："将以量度天下之王公大人、卿、大夫之仁与不仁，譬之犹分黑白也。"度量天下的王公大人、卿大夫是仁还是不仁，好像分清黑与白一样。（3）荀子："白沙在涅，与之俱黑。"白色的沙子混在黑土中，与黑土同黑。比喻好人处在恶劣的环境中也会变坏。此时，最需要好人意志坚定，洁身自好。"黑白"亦用来指围棋，下棋的当局者容易迷，不如旁观者更能分清黑白，因此宋朝仇远有"黑白当从局外看"一句。

臭香：犬嗅曰臭 稻芳曰香

　　"臭"，甲骨文由"自"（鼻子）和"犬"（狗）组成。臭，狗鼻子闻到的味道。因为狗的嗅觉特别灵敏，故辨别味道很厉害。《说文解字》："臭，禽走，臭而知其迹者，犬也。"臭，禽兽逃跑，闻到它们留下的味道，就能知道它们逃到哪里去的是猎犬。臭，气味；引申义为臭味。

　　"香"，甲骨文由"黍"和"口"组成。香的本义为含在嘴里的谷物所发出的味道。《说文解字》："香，芳也。"香，芬芳的气味；引申义有吃香、沉香。

　　臭香：（1）古代"臭"是气味的总称，既包括今天的臭气，也包括今天的香气。"臭是气之别名，古者香气、秽气皆名曰臭。"（2）为了让人们看得明白，古人造字都是采取一目明了的方法。狗的鼻子最灵敏，气味过鼻不忘，因而造了"臭"字。"黍"的香味最充饥，是天下最让人记挂的香味，由此造了"香"字。（3）"久居兰室不闻其香，久居鲍市不闻其臭。"处在或香或臭的环境中久了，习惯了就会不知香臭。因而古人十分重视周边环境，孟母三迁就是典型的例子。坏思想、坏作风的人，容易彼此迎合，同流合污，故有"臭味相投"之说。此处的"臭味"，用来比喻同类。

锦绣：机织曰锦 针刺曰绣

锦　　绣

"锦"（錦），篆文由"金"和"帛"（布帛）组成。《释名·采帛》："锦，金也……其价如金，故字从金帛。"锦，常被比作黄金，因为它的价格和金子一样，所以锦字由"金"和"帛"组成。《说文解字》："锦，襄邑织文。"锦，有彩色花纹的丝织品。

"绣"（繡），篆文由"糸"和"肃"组成。"糸"表示与丝缕有关。《说文解字》："绣，五采备也。"绣，用彩色线在布帛上刺成花、鸟、图案的过程；引申义有华丽、刺绣。

锦绣：（1）"锦""绣"都指五彩的纺织品。《拾遗记》："染五色丝，织以为锦。"染上五种颜色，纺织成为"锦"。《周礼·考工记》："画缋之事……五彩备，谓之绣。"在织物或服装上用颜料画上图案，称之为"绣"。后来专指在绸、布上刺出花纹、图案或文字。（2）"锦"，用染料上色的丝线通过纺织机织成的纺织品；"绣"，采用针线刺绣而成的纺织品。故有"织锦刺绣"之说。（3）锦绣，是精美鲜艳的丝织品。常用来比喻美丽或美好的事物，比如"锦绣前程"；也可用来形容山河大地或有华彩的文章等，比如"锦绣山河""锦绣文章"。

文字：错画曰文 哺乳曰字

"文"，甲骨文像一个人胸前刻有交错的花纹，本义为花纹、纹理。《说文解字》："文，错画也。"文，交错的笔画；引申义有文字、文稿、文化、文人、文气。

"字"，金文由"宀"（房子）和"子"（孩子）组成。字，在屋内生孩子。《说文解字》："字，乳也。"字，生育、哺乳；引申义有文字、字句、字词。

文字：（1）古代的"文"，指纹路、花纹，古人以纹为美。"字"，哺育孩子，反映出古人"侍字如侍子"的思想。（2）"仓颉之初作书，盖依类象形，故谓之文；其后形声相益，即谓之字。"仓颉初造文字，是按照物类画出形体，所以叫作"文"；随后又造出形声字，以增益文字的数量，这些就叫作"字"。古人把独体字叫作"文"，把合体字叫作"字"；现在合叫"文字"。（3）"字"由"文"生。唐朝张怀瓘在《文字论》中，将"文"比喻为祖父，将"字"比喻为子孙。"文"与"文"相结合，可生出万千个子孙——"字"。"文者祖父，字者子孙。察其物形，得其文理，故谓之曰文；母子相生，孳乳浸多，因名之为字。"

诗歌：言志曰诗 咏唱曰歌

诗 词

"诗"（詩），篆文由"言"和"寺"组成。言，指说话，文字。思想与情感，在"心"则为"志"，在"言"则为"诗"。《说文解字》："诗，志也。"诗，志向的外现；引申义有诗作、诗词、诗文。

"歌"，金文由"言"和"可"组成，"言"表示说话。篆文"歌"由"哥"和"欠"组成。歌，表示说唱畅诉情感。《说文解字》："歌，咏也。"歌，咏唱；引申义有歌曲、歌词、歌颂。

诗歌：（1）诗，倾诉自己的志向。歌，以咏唱来表达情感。《尚书·尧典》："诗言志，歌永言。"（2）诗，高雅清洁，可以净化人们的心灵。《论语·为政》："诗三百，一言以蔽之，曰：思无邪。""歌"，将诗句咏叹为便于传播的曲子，百姓可以传唱。《国语·鲁语》："诗所以合意，歌所以咏诗也。"（3）"熟读唐诗三百首，不会作诗也会吟。"诗歌，要吟给懂的人听，否则，就是"对牛弹琴"，自讨没趣。"酒逢知己饮，诗向会人吟。""路逢侠客须呈剑，不是才人莫献诗。"

声音：无节曰声 有节曰音

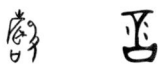

声   音

"声"（聲），甲骨文由"殸""口"和"耳"组成。"殸"，像手持槌子敲打悬磬的样子；"口"，是敲击悬磬所发出的声音；"耳"，表示听。声，侧耳静听手持槌子敲击悬磬发出的声音。《说文解字》："声，音也。"声，响声。

"音"，甲骨文"音"与"言"本是一字，金文则在"言"的"口"中加一指示符号"一"。"言"，语言。音，特殊的有节奏的语言。《说文解字》："音，声也。生于心，有节于外。谓之音。"音，声音，产生于内心，表现在外面是有节奏的声音，称为音。

声音：（1）古人将"宫、商、角、徵、羽"五个声调，称为"声"；将"丝、竹、金、石、匏、土、革、木"等乐器发出的响声，叫作"音"。（2）"音"有节奏、音调，而"声"没有。"声"又可指噪声，"音"通常指乐音。音声相和，便是声音，这也是声音的最高境界。也就是说嘴里所唱的，正是乐曲所表现的；乐曲所要表现的，正是人们所唱的。音声相和，天人合一。（3）《乐记·乐本》说："知声而不知音者，禽兽是也。"古人认为，是否懂音乐是人区别于禽兽的重要标志。这是因为，动物一般不能识别声与音，而人不仅有感知"音"的欲望，而且能利用"声"的特性构成乐曲，来满足自己的感官需要。

书画：记辞曰书 田界曰画

書　畫

　　"书"（書），甲骨文像手持"聿"书写或记录重要讲话的样子。《说文解字》："书，箸也。"书，书写。《尚书序》："书者，以笔画记之辞。"书，用笔来记录言辞；引申义有文字、著作、信、书法。

　　"画"（畫），甲骨文像手持"聿"在田地里标注田界记号的样子。篆文"画"由"聿""田"和"一"（指事"边界"）组成，表示持木棍在田地上画边界。《说文解字》："画，界也。象田四界。"画，边界；引申义有图案、绘画。

　　书画：（1）"书""画"最早都是用来记事的。"书"，以文字记事；"画"，以绘图作田界记号。（2）"书画"，现指书法、绘画的统称，是艺术的一种表现形式。"书法"，讲究"法"。将字写正，将气写顺，是书法最大的法。奇书、丑书、怪书，均不得"法"。"绘画"，讲究"禅"。画要有灵魂，也需要呼吸，这是绘画的"神"。主次不分、相顾无情，为绘画之忌。（3）清朝松年："书画清高，首重人品。"书要写出精神，画虎画皮难画骨，丹青难写是精神。无论书法还是绘画，都要反映天地之气、自然之美、人世之灵，这样才可传得久远。清朝石涛："天地以生气成之，画以笔墨取之。"唐代张彦远："骨气形似，皆本于立意而归乎用笔。"

印章：持信曰印 乐竟曰章

"印"，甲骨文由"爪"（手）和"卩"（跪地的人）组成。印，一只手按压着一个人，表示用手按人使之跪拜，本义为官印。《说文解字》："印，执政所持信也。"印，执政的人所持有的信物；引申义有印章、印记、印痕、印刷、符合。

"章"，金文由"辛"（刑具）和"曰"（说话）组成。章，会意用带长柄的刀在罪犯头上刻记号。《说文解字》："章，乐竟为一章。"章，音乐的一曲叫一章；引申义有章节、章法、盖章、文章、乐章。

印章：（1）"印"的对象是奴隶；"章"的对象是罪犯。（2）现在的"印章"，是印和章的合称。章，指用各种材料制成的作为印章物质载体的印形；印，指印形在各种物体上加盖而产生的具有单位主体同一性证明作用的痕迹。（3）印章可作为信物，两周时期印统称为玺或玺节。秦朝的用印制度规定，唯天子印才可称"玺"。至此，玺印又成为地位高低、权利大小的象征。汉承秦制，皇帝称玺，一般臣子称印、印章或章。武则天执政后，因讨厌"玺"音同"死"，下令改"玺"为"宝"。唐玄宗以后，"宝"作为皇帝之玺的专用名称，一直沿袭到清朝。从清朝起，印章的审美价值越来越突出，逐渐成为与书画并列的独立艺术品。

飞翔：鸟翥曰飞 回飞曰翔

飞　翔

"飞"（飛），篆文减去鸟头，只留下两只翅膀，本义为鸟儿振翅飞翔。《说文解字》："飞，鸟翥也。"飞，鸟振动翅膀；引申义有飞翔、飞速、飞吻。

"翔"，篆文由"羊"和"羽"（羽毛）组成。翔，不振动翅膀而盘旋飞动。《说文解字》："翔，回飞也。"翔，翅膀平直不动地飞；引申义有滑翔。

飞翔：（1）"飞""翔"均有飞的意思。"飞"，鸟振动双翅翱翔。"翔"，不振动双翅，鸟盘旋而飞。现代汉语中的"飞翔"，指"飞行"。（2）"飞"与"翔"表示飞的方向不同。"飞"，鸟翥也，指鸟向上飞。《易经·乾卦》："飞龙在天。"飞龙，是指向上飞的龙，是升龙。"翔"，回飞也，指鸟向下飞。（3）《诗经·大雅·卷阿》："凤凰于飞，翙翙其羽。"凤凰在高空飞行，发出振动羽毛的翙翙的声音。凤凰高飞，靠的是翅膀。没有丰满的翅膀，只能像杜牧那样发出"恨无羽翼高飞翔"的感叹。人要像鸟爱惜自己的羽毛一样，爱惜自己的名声，否则，"落毛的凤凰不如鸡"，结局将是"一地鸡毛"。

舞蹈：娱乐曰舞 践踏曰蹈

"舞"，甲骨文像一个人双手持牛尾之类的舞具边摇摆身体、边唱歌祈祷的样子。篆文加"舛"，"舛"是双足相背，舞表示双手飞舞舞具、双足跳踏、口里颂唱，以祭祀和娱乐。《说文解字》："舞，乐也。"舞，娱乐；引申义有跳舞、舞蹈、舞弄。

"蹈"，篆文由"足"和"舀"组成。《说文解字》："蹈，践也。"蹈，踩、踏。引申义有遵循、实行。

舞蹈：（1）甲骨文的"舞"，最初是挥动双手，后来才加表示双足的"舛"，而"蹈"是踏动双足，故有"手舞足蹈"之说。（2）"舞"的状态飞动，向纵向跳跃，故称之为"飞舞"；"蹈"的状态多横向摆动，故称之为"蹈履"。（3）舞蹈是人类最古老的艺术形式之一。上古时期，舞蹈就充当着人们交流思想和感情的工具。舞蹈的动作和节奏与劳动是密切相关的。不管是哪一种劳动，只要用手拍打，用脚踩踏，就能产生有规律的节奏，再伴以呼喊或敲击，最原始的舞蹈就出现了。五千年前便产生了舞蹈，舞蹈最早用来祭祀，后来又广泛用于外交、求偶等场合。古代臣子朝拜天子时亦会做出一些特定的舞蹈姿势，这是一种礼节。

戏剧：角力曰戏 尤其曰剧

楚　　劇

"戏"（戲），金文由"虍""豆"（盛肉的器皿）和"戈"（兵器）组成。戏，一个人手拿武器，一手持盛有肉的"豆"，在逗弄老虎。《国语·晋语》："少室周为赵简子之右，闻牛谈有力，请与之戏，弗胜，致右焉。"韦昭解释为"戏，角力也。"戏，角逐发力；引申义有逗乐、开玩笑、娱乐。

"剧"（劇），篆文由"刂"和"豦"组成。《说文解字》："剧，尤其也。"剧，尤其、特别、严重、厉害；引申义有强烈、痛快；假借义有戏剧、喜剧、悲剧。

戏剧：（1）古人认为"戏""剧"都是取悦人的方式，都与"虍"（老虎）有关，因而戏剧是一种较为刺激的活动。（2）现代汉语中的"戏剧"，是一种适合在台上表演的艺术形式。"戏剧"的起源可以上溯到原始时期，是一种原始宗教的巫术仪式。（3）在人生的舞台上，谁也成不了戏台永远的主人，"你方唱罢我登场"。风水轮流转，三十年河东，三十年河西。因此，在人生的戏台上，无论我们演的是生、旦、净、末、丑的哪一种角色，都应该珍惜每一次演出机会，因为人生没有彩排，也没有如果，只有把握当下，把握现在，才没有遗憾。

艺术：才能曰艺 技术曰术

埶　術

"艺"（藝），"艺"是"埶"的后起字，"埶"字甲骨文像双手种植树苗的样子。《说文解字》："艺，种也。"古人认为种植是一项事关生存的大事，故艺的引申义有手艺、才能、技能。

"术"（術），篆文由"行"（道路）和"术"组成。《说文解字》："术，邑中道也。"术，城市里面的道路。引申义有方法、技艺。

艺术：（1）"艺"指种植花草树木；"术"是指城邑中的道路。（2）"艺"，多指精神产品，比如琴棋书画。《广韵·祭韵》："艺，才能也。""术"，多指技巧、技能。《广韵·术韵》："术，技术。""艺"从"术"中来，"术"因"艺"而现。（3）"艺术"源于生活，又高于生活，为人类服务，其重要功能是带给人们美的享受。此外，艺术又可以教化人、愉悦人、陶冶情操、培养性情。艺术的成就来自"术业有专攻"，艺术精通了，也可以用来壮胆。戚继光《练兵实纪》："学一日，有一日受用；学一件，有一件助胆，所谓艺高人胆大也。"

玩弄：欣赏曰玩 把玩曰弄

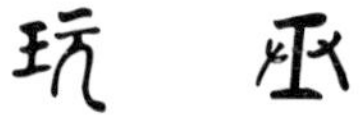

“玩”，篆文由“王”（玉）和“元”（人头）组成。《说文解字》：“玩，弄也。”玩，凝神观察，欣赏玉器；引申义有观赏、轻慢、可供观赏之物。

“弄”，甲骨文由“工”和“廾”（双手）组成。“工”为玉的简写，指玉器。弄，双手把玩玉器。《说文解字》：“弄，玩也。”弄，把玩；引申义有玩闹、作弄、处理。

玩弄：（1）欣赏曰“玩”，把玩曰“弄”。“玩”，用眼睛观察玉器、欣赏玉器。“弄”，用双手把玩玉器，抚摸玉器。《诗经·小雅·斯干》：“载弄之璋……载弄之瓦。”古人称生儿子为“弄璋”，生女儿为“弄瓦”。“璋”指好玉；“瓦”指纺车上的零件。（2）“玩”“弄”均与“玉”有关。玉器作为一种贵重饰物，为人喜爱，常佩戴在身上以供欣赏、把玩。“玩弄”，又可指用不严肃、不尊重的态度对待人或事物。因而“玩弄”又可带有贬义。（3）“玩”，若迷恋于此，就会“玩物丧志”；玩物若不尊重人和事，便会“玩世不恭”，其结局很有可能是“玩火自焚”。“弄”，喜欢宝物但是宝物又难得到，于是开始“弄虚作假”，以为是玩弄聪明，实际上是做了愚蠢的事情，结果是“弄巧成拙”。

治理：治水曰治 治玉曰理

治 理

"治"，篆文由"水"（洪水）和"台"组成。"台"，指高台。治，构筑台子以防治洪水。《说文解字》："治，水也。"治，治水；引申义有管理、控制、整理、研究。

"理"，篆文由"王"（玉）和"里"组成。《说文解字》："理，治玉也。"理，加工玉器；引申义有道理、条理、科学、解决。

治理：（1）"治"是"治水"；"理"是"治玉"。（2）治国理政，国家可以"治"，也可以"理"，如"治乱"可以说成"理乱"。先秦时期多用"治"字少用"理"字。（3）老子："治大国若烹小鲜。"治理大的国家，和煎鱼一样，翻动不宜操之过急，翻得多了，鱼就容易烂；不翻动，鱼就烧焦了。因此，煎鱼必须在适当的时候翻动。治国也是如此，不是"不为"，也不是"多为"，而是在关键的时候去"有为"。只有在社会自我调节不好、消化不好的关键时刻才出手。

雕刻：治玉曰雕 镂木曰刻

周玉

  "雕"，是"琱"的异体字，"琱"，金文由"周"和"玉"组成。"周"，四周，"玉"表示与玉有关。《说文解字》："琱，治玉也。"琱，治理玉器；引申义有刻画、雕刻、刻镂。

  "刻"，篆文由"亥"和"刂"组成。"刂"，指刀。刻，本义为用刀在竹木、玉石或金属面上雕出文字、图形等痕迹。《说文解字》："刻，镂也。"刻，雕镂；引申义有深刻、刻画、刻意、刻薄。

  雕刻：（1）"雕""刻"为两种不同的修饰的手法。"雕"，除去物体多余的部分，把材料雕成想要的形状；"刻"，在平面上用刀子刻出花纹或图案。（2）治玉曰雕，治木曰刻。"雕"的材料是玉，"刻"的材料是木。（3）雕刻的手法，就是做减法。用刀刮去多余的废料，让材料华丽变身、光彩照人。由此观之，人生只有学会做减法，抛弃一些多余的、不必要的东西，方可轻装上阵，先声夺人。

切磋：刀割曰切 磨治曰磋

切　磋

"切"，篆文由"刀"和"七"组成。《说文解字》："切，刊也。"切，用力切割；引申义有吻合、迫切、切记。

"磋"，篆文由"石"和"差"组成，"差"，像手持工具，将稻谷与稻秆分开的样子。磋，将玉石上不必要的东西锉去或磨平。《诗经译注》："治象牙曰磋。"磋，治理象牙；引申义有磋商、研讨。

切磋：（1）《尔雅·释器》："骨谓之切，象谓之磋，玉谓之琢，石谓之磨。"治骨叫作"切"；治象叫作"磋"；治玉叫作"琢"；治石叫作"磨"。（2）《论衡·量知》："切磋琢磨，乃成宝器。"切磋琢磨，又是治玉的工序。"切"，切开；"磋"，锉平；"琢"，雕刻成形；"磨"，磨光。切磋，原指制作器物的工序，今比喻为人们在道德、学问方面相互研讨和彼此勉励。君子如玉，亦需要切磋琢磨。《诗经·卫风·淇奥》："有匪君子，如切如磋，如琢如磨。"（3）一个人独自学习，没有同朋友切磋交流，难免会学识短浅。弘一法师说："以切磋之谊取友，则学问日精。"因此，要想学问日精，需要与朋友切磋交流。选择什么样的朋友切磋呢？学问见识胜于自己的人，"结交须胜己，似我不如无"。宋朝何坦说："交朋必择胜己者，讲贯切磋，益也。"

琢磨：治玉曰琢 治石曰磨

琢　磨

"琢"，篆文由"王"（玉）和"豖"（鸟嘴）组成。"豖"，本义为用鸟嘴敲击。琢，会意用鸟嘴一样锋利的工具雕刻玉石。《说文解字》："琢，治玉也。"琢，精细雕刻玉石；引申义有琢磨。

"磨"，篆文由"麻"和"石"组成。"麻"的本义为加工植物纤维，以提取纺织用的原材料。磨，磨制石器。《说文解字》："磨，石声也。"磨，磨制石器发出的声音；引申义有打磨。

琢磨：（1）"琢"，治玉；"磨"，治石。琢磨，是治玉的第三、第四道工序。（2）琢，雕刻成形。玉一经雕刻，就成了玉器。"玉不琢，不成器。"和氏璧，就是因为玉匠雕琢成形，才成为天下的宝贝。磨，打磨抛光。功夫到了，再难的事也能做成。"只要功夫深，铁杵磨成针。"（3）琢磨，雕刻和打磨，常用来比喻修炼品德、钻研学问、研讨义理、修饰诗文等。元朝王旭《中和书院书记》："切磋琢磨，以致其精，则才成德就。"《荀子·大略》："人之于文学也，犹玉之于琢磨也。"人对于文化知识的学习，犹如玉器成形前的雕琢打磨。

玖

道德法度

因果：依靠曰因 木实曰果

因　🌿

"因"，甲骨文由"大"和"囗"组成。"大"，像张开双臂的人；"囗"，席子。因，像一个人躺在席子上的样子。《说文解字》："因，就也。"因，依靠；引申义有缘由、缘故、根本、沿袭。

"果"，甲骨文像树上结有许多果子的样子。《说文解字》："果，木实也。"果，树木的果实；引申义有结果、果断。

因果：（1）"因"，与"人"的作为有关；"果"，树木产出的果子。"因"是"果"的前提；"果"是"因"的结果。没有"因"，就没有"果"。故有"前因后果"之说。（2）因果报应。种下善因，必结善果；种下恶因，必结恶果。"善恶到头终有报，只争来早与来迟。"报得快在眼前，报得慢在儿孙。（3）"菩萨畏因，众生畏果。"因为菩萨知道"因"是"果"的前提，只有断了"因"，才会没有"果"，也就是说从源头上断了"果"发生的可能。众生不信"因"，但众生惧"果"，因为只有后果才能让他们畏惧。

缘分：衣纯曰缘 切开曰分

缘 分

"缘"，篆文由"系"和"彖"组成。缘，衣服的边沿。《说文解字》："缘，衣纯也。"缘，指将衣服左右连起来的纽带，故引申义有联系、关系、机会，如人缘、缘分、姻缘。

"分"，甲骨文由"刀"和"八"组成，指用刀将物体分成两半。《说文解字》："分，别也。"分，将物体分别开来。将物体一分为二，被分成两半的物体本质上具有一体性，存在着无形的联系，也具有相遇的机会和可能，故分的引申义有福分。

缘分：（1）"缘"，是一种机会；"分"，又可指一种应得的福分。（2）缘靠天定，分靠人为。"缘"不可求，缘如风，风不定。云聚是缘，云散也是缘。"分"则可靠努力得到。缘分来了，幸福来敲门了，但我们并未意识到，或许是"只缘身在此山中"。（3）"有缘千里来相会，无缘对面不相识。""缘"就是机遇，"有缘"不等于"有分"，能不能拥有和得到，还得靠"分"。"有缘无分"，就是有机会相会、相识，却没有机会牵手、相知。缘分强求不得，尽人事，听天命。若是没有缘分了，此时要做的就是随缘就分，笑看云卷云舒。

规矩：画圆曰规 画方曰矩

規　　矩

　　"规"（規），篆文由"夫"和"见"组成。"夫"指成年男子。"见"，眼光、见地。规，成年男子应具有的见地。《说文解字》："规，有法度也。"规，法度；引申义有法规、章程。

　　"矩"，金文像一人分腿站立，一手握着"工"形工具的样子。《说文解字》："矩，规巨也。"矩，规矩；引申义有法度、准则、模范。

　　规矩：（1）《礼记·经解》孔颖达疏："规所以正圆，矩所以正方。"古人称画圆的工具叫作"规"，画方的工具叫作"矩"。"不以规矩，不成方圆"，就是因为规画圆，矩画方。（2）葛洪《抱朴子·辞义》："乾坤方圆，非规矩之功。"虽然天地的方圆，不是规矩画出来的，但是万事万物都应遵守规矩。《韩非子·解老》："万物莫不有规矩。"人作为万物之灵，更应遵守规矩。遵守规矩的最高境界是"从心所欲，不逾矩"。这里的"矩"，表示"中正"的意思，就是"中规中矩"。要做到"从心所欲，不逾矩"，则需要将规矩内化为良知，外化为行，做到知行合一。

仪式：法度曰仪 法则曰式

儀　式

　　"仪"（儀），篆文由"亻"（人）和"義"组成。"義"本义为个人的仪容，引申有美、善之义。《说文解字》："仪，度也。"仪，容止、仪表；引申义有程序、仪表、羡慕。

　　"式"，篆文由"弋"和"工"（工具）组成。《说文解字》："式，法也。"式，法则；引申义有程序、方法、套路、标准。

　　仪式：（1）"仪"，指出征前占卜、预测凶吉的仪式；"式"，法则、程序。（2）"仪""式"均与法律有关。朱熹集传："仪、式、刑，皆法也。"仪、式、刑，均是法度。"仪"，法度、法律；"式"，法则。（3）《荀子·正论》："上者，下之仪也。"上级，是下级行为的表率。"上梁不正，下梁歪。"法度的推行应以上率下。明太祖朱元璋问群臣："天下何人最快活？"答案五花八门，唯独当听到大臣万纲说"畏法度者最快活"时，朱元璋高兴地点了点头。畏法度，就是熟知法度而"循规蹈矩"。

权衡：秤杆曰权 秤锤曰衡

權　衡

　　"权"（權），篆文由"木"（树木）和"藋"组成。《说文解字》："权，黄华木也。"权的本义为黄华木，是一种树；假借为秤，引申义有变通、权且。

　　"衡"，金文由"角"（牛角）、"大"（人）和"行"组成，会意为牛角触人。《说文解字》："衡，牛触，横大木其角。"衡，牛角上的横木，横木比牛角要宽，能起到防止牛角尖顶伤人的作用；衡的引申义有权衡、平衡。

　　权衡：（1）"权"，原指黄华木；"衡"，指牛角上的横木。（2）衡，指秤的横杆。权，是秤锤。"权衡"合称是指古代的秤，用来称物体的重量，因而有"权，然后知轻重"之说。（3）因为用秤来称东西讲究平衡，故"权衡"又比喻事物在动态中维持平衡的状态。"权衡利弊"，就是比较得失大小，考量利弊，从而做出决定。"两害相权取其轻，两利相权取其重。"两个有害的结果，权衡危害的轻重，然后取轻的；两个有利的东西，权衡利益的轻重，然后取重的。"权衡"，避害趋利，将危害最小化，将利益最大化。

测量：度量曰测 称重曰量

测 累

　　"测"（測），金文由"氵"和"则"组成。金文"则"是指用刀在金属器具上刻画。《说文解字》："则，等画物也。"则，平均分配财物。篆文"测"，会意刻记水的位置。《说文解字》："测，深所至也。"测，检查水所到的深度；引申义有测算、观测、测验。

　　"量"，甲骨文由"日"和"束"组成，下部"束"像一个囊橐的样子，上部"日"指露天，在阳光下。表示在阳光下从事度量的工作。《说文解字》："量，称轻重也。"量，就是称东西的轻重；引申义有称量。

　　测量：（1）"测"，度量水的深浅。古代的长度单位有寻、常、里、丈、步、庹、仞、尺、寸、分等等。"量"，称出物品的轻重。古代的重量单位换算：24铢=1两；16两=1斤；30斤=1钧；4钧=1石=120斤。（2）人心叵测。水的深浅容易测量，人心的深浅却是很难测量的。所以，害人之心不可有，防人之心亦不可无。（3）《淮南子·泰族训》："太山不可丈尺也，江海不可斗斛也。"泰山不可用丈量，海水不可以用斗量。泰山、海水难以测量，是因为找不到那么大的工具和容器，此又可引申为不可根据某人的现状就低估他的未来。

礼拜：履行曰礼 叩首曰拜

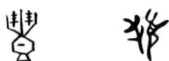

"礼"（禮），是"豊"的后起字，甲骨文由"珏"和"壴"（鼓）组成，会意呈着玉器，击鼓敬奉神灵。金文有的加"示"，强调祭拜。礼，表示供玉击鼓，祭拜祖先或神灵。《说文解字》："礼，履也。所以事神致福也。"礼，举行仪礼用以祭神求福；引申义有敬重、厚待、礼品、礼貌、礼节、礼仪。

"拜"，金文像双手伏地、下跪磕头的样子。《说文解字》："拜，手至地也。"拜，双手至地磕头；引申义有虔诚、礼拜。

礼拜：（1）"礼"的目的是祭祀祈福。人的福气从何处来？从礼中来。"拜"的目的是表示诚意或示弱。"礼拜"是一种礼节，故有"行礼叩拜"之说。"行礼"，拱手、作揖。"叩拜"，叩首跪拜。古人认为，不跪不叫拜。"稽首""顿首"，就是指行跪拜礼。（2）"顶礼膜拜"，表示恭敬和畏服；后来形容对人的崇拜到了极点。"顶礼"，佛教中拜佛时的敬礼。人跪下，两手伏地，以头顶着受礼人的脚。"膜拜"，佛教徒的另一种敬礼，两手加额，跪下叩头，虔诚地跪拜。（3）《左传·昭公二十五年》："夫礼，天之经也，地之义也，民之行也。"中国是礼仪之邦，礼是一种行为规范，可用以调整人际关系。"来而不往非礼也。"礼的核心要义是尊敬，并以礼仪形式表示"尊敬"。孔子说："非礼勿视，非礼勿听，非礼勿言，非礼勿动。""非礼"的行为，会受到惩罚。

刑罚：杀戮曰刑 小罪曰罚

刑　罚

　　"刑"，金文由"井"和"刂"（刀）组成。刑，像一把刀向一个颈上带有枷锁的人头砍去的样子。《说文解字》："刑，刭也。"刑，砍头；引申义有处罚、惩罚。

　　"罚"（罰），金文由"网"（用网捕获）、"言"（说话）和"刂"（刀）组成。罚，捕捉持刀威胁他人，但又没有实施抢劫的人，并给予处罚。《说文解字》："罚，罪之小者。"罚，处罚；引申义有惩处、罚罪。

　　刑罚：（1）"刑""罚"均有惩处的意思，但是"刑"的结果比"罚"重。"刑"，对已实施犯罪的人进行惩罚；"罚"，对尚未实施犯罪行为的人进行处罚。《说文解字》："未以刀有所贼，但持刀骂詈则应罚。"没有持刀抢劫，但是持刀威胁，对此也应给予处罚。（2）"刑"又可指肉刑、死刑。《韩非子·二柄》："杀戮之谓刑。""罚"指以金钱赎罪，后泛指依照法律对违法者实行的强制处分。（3）张九龄《敕处分十道朝集使》："信赏以劝能，刑罚以惩恶。"有功必赏，才能勉励能干的人努力工作；有罪必罚，才能惩戒邪恶的人不敢妄为。奖善与惩恶相结合，才能匡正除邪。赏功罚过，必须适当，否则会招来祸害。《荀子·正论》："德不称位，能不称官，赏不当功，罚不当罪，不祥莫大焉。"道德和位置不相对称，能力和官位不对应，奖赏和功劳不对称，处罚和罪责不相符，这些都是不祥的征兆。

许诺：听从曰许 服从曰诺

许　　诺

　　"许"（許），金文由"言"（说话）和"午"组成。"午"，为木杵，直上直下可以用来舂碎物品，故"午"有"正"的意思。许，话说得正确，让人同意。《说文解字》："许，听也。"许，听从；引申义有允诺、可能。

　　"诺"（諾），金文由"言"（说话）和"若"组成。甲骨文"若"，像一个女子双手高举，理顺长发的样子，会意顺从、服从。《说文解字》："诺，应也"。诺，说话表示顺从、服从；引申义有诺言、允诺。

　　许诺:（1）"许""诺"均有认可的意思。"许"，表示赞同、认同，允许对方的某项活动。"诺"，表示口头上的接受、认可，并按照对方的指令去执行。（2）"许诺"都有"言"字旁，表示与言语有关。中国人讲究"言而有信""一言既出，驷马难追"。（3）"许人一物，千金不移。"许诺，必须说到做到，否则，不如不许不诺。皇帝"金口玉言"，说一不二，无法更改；就算是说错了，也要错着办。为什么？因为皇帝知道，失信等于失德，失德等于失得，失得等于失败。皇帝的失败，意味着江山社稷不保。因此，皇帝必须树立自己的诚信形象。

诚信：无妄曰诚 诚实曰信

诚 信

"诚"（誠），最早见于睡虎地秦简中，由"言"（说话）和"成"（成功、到达）组成。真实无妄，多半由言语表达，因此，诚有说到做到的意思。《说文解字》："诚，信也。"诚，守信；引申义有可信、真实。

"信"，金文由"人"和"言"（说话）组成。信，人说话算数。《说文解字》："信，诚也。"信，诚实；引申义有忠实、随意、确实、信息。

诚信：（1）"诚"，说到做到、不伪装、真诚、实在。《增韵·清韵》："诚，无伪也，真也，实也。""信"，说话可信。《墨经·经上》："信，言合于意也。"（2）"诚者，真实无妄之谓。""诚"的核心在于"无妄"，就是一是一、二是二，不妄加评论，不说妄语，故"巧诈不如拙诚"。"信"的核心在于"忠实"，绝不能信马由缰、信口开河、信口雌黄。否则，则"人而无信，不知其可也"。（3）周敦颐《通书·诚下》："圣，诚而已矣。诚，五常之本，百行之源也。""五常"，指仁义礼智信。仁义礼智信的根本在于"诚"。没有诚信，就没有了尊严。人一旦没有尊严，就没有了脸面。没有脸面，就无法在社会上立足。不能在社会上立足，人只有死路一条。因此，孟子说："诚者，天之道也；思诚者，人之道也。"

正直：不偏曰正 不斜曰直

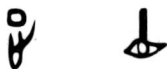

“正”，甲骨文由“口”和“止”（脚步，代表行军）组成。“口”像城邑，会征伐城邑之意。《说文解字》：“正，是也。”正，奉道讨伐，纠正错误；引申义有正确、不偏。

“直”，甲骨文由“丨”和“目”组成。“丨”表示直线，“目”是一只眼睛。直，目不斜视，正视前方。《说文解字》：“直，正见也。”直，正视。目不斜视，表明态度庄重，神情严肃；引申义有公正、正义、无私念。

正直：（1）“正”，与脚有关。如果行不正，自然就会将路走“歪”，就会走“弯路”，甚至是“马失前蹄”，因此，行得正。“直”，与眼睛有关。如果看得不直，目有斜视，就会“一叶障目，不见泰山”，因此，见须直。（2）正直，坚持正道，敢作敢为，不畏强势，不欺弱势。《尚书·洪范》：“三德：一曰正直，二曰刚克，三曰柔克。”人应该有三种品德：一是正直，二是以刚强取胜，三是以和柔取胜。什么是正直？孔颖达：“一曰正直，言能正人之曲使直。”正直，就是让人的不好之处变为好。（3）路走正了，人就会正；见得远了，心就会宽广，自然就会有一股力量——正直的力量。

真假：不假曰真 非真曰假

真 假

"真"（眞），金文由"匕"和"鼎"组成，"鼎"为混合五味的食器，"匕"为匙，用以取食，会意为鼎中有食物用匕叉取。篆文由"匕""目"和"兦"组成，表示承载的意思。《说文解字》："真，仙人变形而登天也。"真的本义为真人、仙人；引申义有真实。

"假"，篆文由"亻"（人）和"叚"组成。"叚，借也。"叚，借。《说文解字》："假，非真也。"假，不是真的；引申义有假借、假如、假定、假日。

真假：（1）宋朝释普济《五灯会元》："佛也打，祖也打，真人面前不说假。"真人，就是仙人、知情人。在知情人面前，不要说假话。（2）真中有假，假中有真，真真假假，谁能分得清。宋朝薛嵎《闲居杂兴》："浮生真亦假，世事古犹今。"（3）《红楼梦》："假作真时真亦假，无为有处有还无。"故不是大是大非的问题，不是事关底线的问题，睁一只眼闭一只眼即可，人生难得糊涂。

公私：平分曰公 背公曰私

公　私

"公"，甲骨文由"八"（平分）和"口"组成，公，平分物品。金文将"口"换成"厶"，"厶"像胎儿在母体里，表示私有。公，化私为公、大公无私。《说文解字》："公，平分也。"公，平均分配财物；引申义有无私、公正、公开。

"私"，篆文由"禾"（稻谷）和"厶"组成。私，像将胎儿藏在母亲肚子里一样隐藏稻谷。稻谷是生存之本，必须像保护胎儿一样将稻谷保护好。《说文解字》："私，禾也。"私，禾谷。古时老百姓每逢收割庄稼之时要上交一部分粮食，上交的粮叫公粮，剩下的粮叫"私粮"。私的引申义有私自、私交、自私、私德。

公私：（1）"公""私"都有"厶"。"公"，事关国家、组织、集体、社会，因而有"天下为公"之说。"私"，事关家庭、家族。（2）韩非子："背私谓之公。"将所有东西平均分配给他人，毫无保留，叫作"大公无私"。做人应公私分明，向"公"伸了手，便成了"私"，叫作"因公行私"。一旦私心重了，就会伸手，伸手必被捉。（3）公私兼顾，公之以义，取之有道："先国后家""先公后私""先人后己"。西汉戴圣《礼记·礼运》："大道之行也，天下为公。"天下是天下人的天下，把品德高尚的人、有才能的人选出来，使得人人讲求诚信，社会氛围和谐，便是理想的大同社会。

善恶：言吉曰善 有过曰恶

"善"，金文由"羊"和"誩"组成，会意为两个人像羊一般地温柔对话。因为羊温顺、善良，古人视"羊"为逢凶化吉的使者。《说文解字》："善，吉也。"善，好、吉祥；引申义有行善、善良、美好、擅长。

"恶"（惡），篆文由"亚"和"心"组成。《说文解字》："亚，丑也。"亚，相貌丑陋。恶，丑陋的心。《说文解字》："恶，过也。人有过曰恶。"恶，过错。人有过错叫作恶；引申义有坏、作恶、厌恨、残酷。

善恶：（1）"善"，由"言"而出，因而要慎言。"恶"，因心丑而起，因而要思过。（2）《论语·述而》："择其善者而从之，其不善者而改之。"对于"善"，我们应"见善如不及"，要见善思齐，从善如流。对于"不善"，我们应"见不善如探汤"，见到不善的，就像伸手到热水里一样，把手快速收回来。（3）佛语有云："诸恶莫作，众善奉行。"《三国志·先主传》："勿以善小而不为，勿以恶小而为之。"《道德经》："善者，吾善之；不善者，吾亦善之，德善。"释、儒、道均教人行善积德。积小善，成大德；积小恶，成大怨。多说好话，便是行善；常思己过，便可远恶。"善恶到头终有报，只争来早与来迟。"

羞耻：进献曰羞 知辱曰耻

羞　耻

　　"羞"，甲骨文由"羊"和"又"（手）组成。羞，会意向上进献羔羊；本义为进献。《说文解字》："羞，进献也。"羞，进献物品；引申义有羞耻、惭愧。

　　"耻"，最早见于郭店楚简中，由"耳"（耳朵，代表听见）和"心"组成。耻，听到不高兴的事，从而感到耻辱。隶书将"心"化成"止"。本义为听到批评的声音，内心觉得耻辱。《说文解字》："耻，辱也。"耻，耻辱；引申义有羞愧。

　　羞耻：（1）"羞""耻"均有羞愧的意思。"羞"的程度没有"耻"的程度深。"羞"，只是外在的表现，而"耻"是内心强烈的感受。（2）现在将"羞"解读为羊丑，显然与甲骨文的造字本义不符，因为在甲骨文中，"羞"的下部实际上是"又"（手），不是"丑"。耳环最初也叫"羞耻"，左耳环叫"羞"，右耳环叫"耻"。耳环的作用，是用来规范女子走路的姿势的。（3）羞耻之心人人皆应有之。孟子："无羞恶之心，非人也。"如果没有羞耻之心，便不是人。荀子："人不知羞耻，乃不能成人。"《礼记·中庸》："知耻近乎勇。"知道羞耻就接近于勇了。

勇敢：血气曰勇 进取曰敢

朙　　玄

　　"勇"，金文由"用"和"戈"组成，"用"，表示使用；"戈"，兵器、武力。勇，表示使用武力拼搏。篆文"勇"由"甬"和"力"组成。甬，指用来悬挂钟的钟钮，可用来代指"钟"。"力"，力气。勇，力能举起钟，表示勇猛无敌、胆大无畏。《说文解字》："勇，气也。"勇，无所畏惧的力气。引申义有胆量、气魄。

　　"敢"，金文像一只手拿着猎叉迎头猎杀猛兽的样子。面对猛兽不畏惧，迎头猎杀，行为自然十分勇敢。《说文解字》："敢，进取也。"敢，勇于进攻夺取；引申义有勇猛、敢作。

　　勇敢：（1）《广雅·释诂二》："敢，勇也。""勇""敢"都表示胆大的意思。"勇"，勇气，侧重于意志，意志坚定。"敢"是一种行为，侧重于行动，敢作敢为。（2）"勇敢"，不怕危险、果断向前、敢作敢为、毫不畏惧。"勇者不惧"，勇敢的人不畏惧。《左传·昭公二十年》："知死不辞，勇也。"颜真卿大义赴死，在叛军李希烈面前威武不屈，是真勇敢。当然，人也不能逞匹夫之勇，否则就变成了"勇，天下之凶德也。"（《吕氏春秋·论威》）"勇悍果敢，取众率兵，此下德也。"（《庄子·盗跖》）（3）"勇"，应出于正义和仁爱。比如：见义勇为。"敢"，出于胆子大，有胆量，并不一定出于正义和仁爱。内心"勇"，外在才"敢"。《墨子·经上》："勇志之所以敢也。"出于慈悲、仁爱的勇，所以才敢有所作为。

刚柔：坚硬曰刚 曲直曰柔

刖 柔

　　"刚"（剛），甲骨文由"网"和"刀"组成，表示用刀来切断网。因网具有柔韧性，用刀切网可显示出刀的锋利。《说文解字》："刚，彊断也。"刚，强力折断；引申义有坚强、刚毅、刚正。

　　"柔"，篆文由"矛"（长柄带锋头的武器）和"木"（表示枪杆）组成。《说文解字》："柔，木曲直也。"柔，树木可曲可直；引申义有软、软弱、温和。

　　刚柔：（1）如何体现人的内在品性，古人没有用男女来表示，而是用兵器或工具来体现，这是因为"刚"并非男人所专有，"柔"也并非女人所专有，男人女人都兼有"刚"与"柔"。（2）"刚"，持工具出征，表示勇敢无畏。"柔"，可以使曲为直，亦可由直为曲，改变品性，表示顺从和好。（3）《诗经·大雅·烝民》："柔则茹之，刚则吐之。"柔软的也不吃它，刚强的也不吐它。刚柔相济，这是因为过刚易折、过柔易污。老子崇尚柔弱胜刚强：柔软的舌头易存，刚硬的牙齿易亡。为人最忌"刚愎自用"，因为固执己见，自以为是，听不得一点儿别人的意见，这样的人很容易走向失败。

慈悲：仁爱曰慈 哀伤曰悲

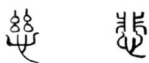

慈　悲

"慈"，金文由"丝"和"心"组成。篆文"兹"，指草木茂盛生长。慈，表示长辈对晚辈的关爱。《说文解字》："慈，爱也。"慈，上对下的慈爱；引申义有慈祥、仁慈。

"悲"，篆文由"非"（意见不一致）和"心"组成。悲，因意见不一致而带来的悲伤。《说文解字》："悲，痛也。"悲，伤痛；引申义有悲哀、怜悯、悲泣。

慈悲：（1）古人认为"慈"多指心慈，有助人之心为"慈"。《新书·道术》："亲爱利子谓之慈，恻隐怜人谓之慈。""悲"，因大家意见不一致，故而悲伤。《乐府诗集·长歌行》："少壮不努力，老大徒伤悲。"（2）梵语"慈"是指带给他人利益与幸福；"悲"是指扫除他人心中的不利与悲伤。慈爱众生，并给予他们快乐，称为"慈"；同感其苦，怜悯众生，并拔除其苦，称为"悲"。慈与悲合称为慈悲，泛指慈爱与怜悯。（3）《大智度论》："大慈与一切众生乐，大悲拔一切众生苦。""大慈大悲"，就是要让一切众生离苦得乐。《究竟慈悲论》："慈悲之要，全生为重。"慈悲的要义，以保全生命为重。因此，有"救人一命，胜造七级浮屠"之说。

德仁：登高曰德 博爱曰仁

笹 尸

"德"，甲骨文由"行"（道路）和"直"（目不斜视）组成，像一个人目不斜视地在路上行走的样子，会遵循正道之意。金文将"彳"改为"辵"，并增"心"旁，表示"德"是人的内心修养。《说文解字》："德，升也。"德，登高、攀登；引申义有道德、品德、德行。

"仁"，最早见于侯马盟书中。"仁"有两种古文字形体，一种由"尸"和"二"组成；一种由"心"和"千"组成。"仁"，现代学者认为暂时没有金文、甲骨文的形体。《说文解字》："仁，亲也。"仁，对人友善、亲切；引申义有知觉、感觉。

德仁：（1）"德"，内在修养；"仁"，外在表现。德为体，仁为用。人品德的好坏，靠"仁"来体现。（2）"德者，得也。"德是人们最需要得到的品质。学习的首要，在于将自己的品德发扬光大。《大学》："大学之道，在明明德，在亲民，在止于至善。""仁者，爱人。"仁是亲近别人、喜爱别人。《礼记·经解》："上下相亲谓之仁。"（3）"厚德载物。"品德应如大地般厚实，才可以承载万物。人的福报大小，取决于德的厚薄。最犯忌的事就是"德薄而位尊"。德从何处来？从积善中来，"积善成德"。仁从何处生？仁从礼中生，"克己复礼曰仁"。约束自己，使言语行动都合于礼，就是仁。因而，一个懂礼节的人才能"求仁得仁"。

精神：择优曰精 天神曰神

精

　　"精"，篆文由"米"和"青"组成。《说文解字》："青，东方色也。"东方属木，太阳初升之地，万物萌芽之所，因而"青"代表生命力、活力。故精，可指维系生命的粮食。《说文解字》："精，择也。"精，优选出来的米；引申义有优秀、心神、力气、完美、用心。

　　"神"，金文像一道闪电的样子，由"示"和"申"组成。《说文解字》："神，天神，引出万物者也。"神，天神，生出万物的神；引申义有灵魂、意识、奇异、奇妙。

　　精神：（1）《素问·宣明五气篇》："心藏神、肺藏魄、肝藏魂、脾藏意、肾藏志。""精"与"神"分别归于肾和心两个器官。心藏神，肾藏精；心属火，肾属水。心肾相交，便是精神相通。（2）心神主宰生命，当其有所不定，就会出现"心神不宁"的情况；肾藏精，精可化髓，髓通于脑，故肾虚者容易神情恍惚，记忆力下降。人的精神状态好坏，反映出心肾相交能力的强弱。心肾相交的能力强，精气神足，活力焕发。否则，精神不振。（3）精神不好，身体衰败得快。袁枚《恶老八首》："精神为主人，形骸为屋舍。主人渐贫穷，屋舍亦颓谢。"精神虽然无形，但是比肉体更富生命力，是成就一切事业的根本，朱熹认为"万事须是有精神，方做得"。如果人没有精神，"心气一衰，天下万事分毫做不得"（吕坤）。人生一世，草木一春，身体留不住，财富带不走，唯一能留下的只有精神，"留取丹心照汗青"。

一、各种人

亻：人。

大：张开双臂的人。

夭：奔跑的人。

夫：带着发簪的成年人。

吴：侧着头大声音说话的人。

尸：蜷曲身体的人。

卩：跪地的人。

巳：胎儿、新生婴儿。

屰：倒立的人。

匕：匕首、变形的人。

乏：疲倦的人。

幺：单根卷曲的蚕丝。

子：孩子。

女：女人、女子、妇女。

乃：一个挺着大肚子的女人。

儿：孩子。

北：两个背靠背的人。

卯：两个相对而坐的人。

比：两个追随的人。

非：背靠背、意见不一致的两个人。

母：妇女、母亲。

二、人体部位

页：头脑。

臼：叉手、头。

囟：脑门儿。

口：嘴巴、说话。

舌：舌头、说话。

言：说话。

自：鼻子。

耳：耳朵，代表聪敏。

目：眼睛。

月：肉。

齿：牙齿。

厷：臂上。

忄（心）：心、感情。

且：男性生殖器。

也：女性生殖器。

夂：脚。

止：脚。

之：脚板。

舛：双脚。

足：脚。

疋：脚。

歹：一堆残骨，比喻不健康。

三、动植物

角：兽角。

犭：带有爪子的兽类。

犬：狗。

隹：短尾鸟。

虍：老虎、虎纹。

羊：喻指善良、温顺、吉祥。

豕、亥：猪。

至：鸟从高处飞下来，指到达。

卂：快速飞翔。

虫：虫子。

它：蛇。

田：田地。

禾：禾苗、麦穗。

艹：草木花卉。

才：草木之初生。

生：草木出土，生长。

四、吃

皿：器皿。

豆：古代装肉、放调味品的器皿，形似高足盘。

豊：祭祀的器皿。

皀：盛放食物的器皿。

饣（食）：饭、吃。

甘：口里含物，美味。

酉：装酒的坛子，代表酒。

啬：仓库。

匚：藏物的器具。

瓦：烧制的土器的总称。

甾：缶器。

凵：张开口、装饭的器皿。

鬲：祭祀用的器皿，三足。

缶：瓦器，盛酒浆。

仓：仓库。

贝：贝壳、钱币。

五、穿住行

糸：丝绸、捆绑。

彡：装饰。

文：装饰。

勹：包裹。

户：窗户。

宀：房子。

穴：洞穴。

厂：山崖。

广：屋檐、半开式空间。

囧：窗。

户：门板。

几：桌几。

彳：走。

行：道路。

辶（辵）：行走。

日：太阳、日光、明亮。

月：月亮、月光。

夕：夕阳、太阳落山。

六、工具

单：弹弓。

弋：带绳的箭。

士：带柄的战斧。

我：带利齿的武器。

戈：兵器。

戊：斧头。

刀：兵器。

刂：刀。

壴：鼓。

册：竹简。

革：皮革。

工：工具。

矢：箭。

王：尊贵、玉器。

金：金属、金子、青铜。

殳：竹或木制成的兵器。

斤：斧头。

七、言谈举止

斗：打斗。

又：手。

及：用手捉住、逮住。

廾：双手捧物、下基。

扌：手。

叉：手指相交错。

乩：伸出双手抓东西。

寸：手。

立、辛：施刑的工具。

攴：打。

用：施行。

夬：中断、决断。

欠：打呵欠、吐气。

言：说话、言语。

曰：说话。

聿：笔。

丩：两根绳子绑在一起，相纠缠。

八：分开。

半：分成一半。

阝：在左为"阜"，在右为"邑"。

见："目"在"人"上，代表看见。

八、其他

卜：占卜。

爻：交通、爻卦。

礻（示）：祭祀用的工具、祭台。

气：云气。

二：地之数，天地。

元：开始。

冫：冰。

氵：水。

灬：火。

小：微小。

厸：口朝下张开。

直：直行。

乍：停止。

糸：细丝。

亚：丑，丑陋。

后

记

汉字不仅是中华优秀传统文化的承载者、记录者，还是中华优秀传统文化的源头活水。随着中华传统文化日益受到重视，汉字研究逐渐热起来，然而望文生义的解法较多，譬如将"美"解读为"羊大为美"；将"福"解读为"有衣一口田"；将"好"解读为"儿女双全"，有女有子凑成一个"好"字等，这种解读方法有违造字之初的本义。

十六年前，我开始研究汉字，也小有收获，曾写了十余万字的书稿，生过出书的念头。听了门马先生的建议，加上自己底气不足，停一停，放一放，也就搁下了。现在看来，那时搁下是非常正确的。因为那时的研究方法也多是望文生义，不考古，不论证，不请教，如果出书定是误人子弟，贻笑大方。

清零过去，重新开始，解码汉字背后隐藏着的不为人知的秘密，让汉字光华四射，清香满园。解码汉字，匡正见解，诠释道理，争做中华优秀传统文化转化的先行者，成了此次创作的原动力。

岁月如歌，不舍昼夜。此书的创作，大多是在手机上完

成的。因为二胎小女米儿的到来，让家里显得格外忙碌和喜庆。手机创作可随时随地，等人时，等车时，休闲时，只要一有时间就可进行写作。久而久之，也就写成了此书。在此，感谢父亲、妻子、儿女、姐弟和众多亲戚朋友的理解与支持，因为写作，少了许多陪同、陪伴、陪护。感慨已故多年的母亲和今年去世的大哥，他们让我深知亲情之重，离别之痛，人生之短；要珍惜眼前人，做好当下事，孜孜不倦，久久为功。

汉字如君子，发出浅浅的薄荷清香，"为伊消得人憔悴"。本书得到曾仕强先生作序推荐，倍感荣誉；受到评论家夏汉宁先生的持续鼓励；得到书法家赵定群先生的真知灼见，并题书名；得到画家李希先生的题画和李庆律师的支持。特别是博雅居士一番"礼明求知好学，为人谦虚热心"的话，让我感动不已，更知学习之重要，修行之重要，养德之重要。此外，感谢北京汇智光华书刊发行有限公司对此书的大力支持。

本着对历史负责、对文字负责、对当下负责、对未来负责的态度，我对文字做了认真考证，并邀请甲骨文专家进行释疑解惑，在此一并致以感谢。

由于水平有限，不周或不到之处，敬请批评指正。

胡礼明